AF330287

(51)

DATES.	DÉTAIL DES OBJETS	SOMMES.	
	à porter au Crédit et au Débit.	Crédit.	Débit.
18			

COMPTE OUVERT A LA MASSE DE L'HOMME.

COMPTE OUVERT A LA MASSE DE L'HOMME.

DATES.	DÉTAIL DES OBJETS à porter au Crédit et au Débit.	SOMMES.	
		Crédit.	Débit.
18			

GUIDE

DES

SERGENS ET CAPORAUX

D'INFANTERIE.

BREST. — Imprimerie d'ED. ANNER.

GUIDE

DES
SERGENS ET CAPORAUX

D'INFANTERIE,

OU

LÉGISLATION MILITAIRE

SPÉCIALE A LEUR USAGE,

PAR

G. GONVOT,

Employé de l'Intendance militaire.

A BREST,

Chez P. ANNER et FILS, Imprimeurs-
Libraires pour l'Art militaire.

1829.

PRÉFACE.

Les militaires de tous grades savent que leurs devoirs et leurs droits sont régis par des *lois, ordonnances, réglemens, décisions* et *circulaires* insérés çà et là dans le nombre considérable de volumes dont se compose la législation militaire. Ils savent aussi qu'ils sont tellement chargés de modifications que ce n'est qu'après en avoir fait une étude toute particulière, que le nombre de ceux qui reçoivent le journal militaire parviennent à en saisir le sens.

On peut donc dire sans crainte, qu'il est impossible aux sous-officiers et soldats de les connaître d'une manière exacte, d'où il résulte qu'ils forment souvent des réclamations mal fondées et que plus souvent encore ils éprouvent des pertes pour n'avoir pas rempli des formalités qu'ils ignorent.

L'absence d'un guide capable de les éclairer, était une lacune vivement sentie par Messieurs les chefs de corps, et c'est dans l'intention de la remplir qu'on a tenté l'établissement d'un recueil, *succinct, exact, clair* et *complet* de toutes les dispositions réglementaires en vigueur, de manière à en former une espèce de *législation militaire* spéciale et portative, ramenée à l'intelligence de ceux auxquels on le destine, au moyen duquel ils puissent sans autre secours, et aussi-bien que le comptable le mieux exercé, connaître exactement tout ce qui leur est relatif dans toutes les positions possibles. Ce but a été complètement atteint en ce qui concerne les sergens et les caporaux. (ε)

____

(1) On a été forcé de renoncer à l'espoir de

On laisse aux sous - officiers et caporaux le soin d'en apprécier le mérite et ils le reconnaîtront plus particulièrement dans les changemens qu'éprouvent les dispositions qui régissent la matière. En effet, si l'on trouve ici complètement réunies, revues, corrigées et dégagées de leurs nombreuses modifications, toutes les dispositions antérieures au 1.er juillet 1829, n'est-ce pas une législation nouvelle et une base arrêtée sans laquelle on serait obligé de retourner au dédal de la

---

traiter ici les DEVOIRS des sous-officiers comptables, attendu que leurs fonctions eussent entraîné l'auteur dans des développemens qui, sans utilité pour les autres, eussent considérablement augmenté le volume de l'ouvrage et par conséquent forcé les éditeurs à en porter le prix au-delà de la fixation arrêtée dès le principe à 1 fr.; mais ils y trouveront complètement tout ce qui est relatif à leurs droits.

législation entière pour s'assurer d'une position que l'on désire connaître.

A l'avantage de dispenser de toutes recherches antérieures au 1er juillet 1829, cette compilation réunit celui d'éviter un écueil dans lequel il est facile de tomber, car on trouve d'abord une disposition qui paraît positive, et l'on s'y arrête sans s'apercevoir qu'elle a été modifiée ou rapportée par une, deux, et quelquefois trois dispositions postérieures.

On n'a pas cru devoir terminer cette préface sans faire remarquer un des nombreux avantages que les sous-officiers et caporaux trouveront dans ce recueil. En lisant l'article 332 du titre 1er ils reconnaîtront qu'il est une rédaction combinée des articles 36, 37 et 38 du réglement du 31 décembre 1823, de l'article 110 de l'instruction du 24 juin 1827, et enfin de la solution donnée par son Excel. le Ministre de la Guerre, par lettre de 13 avril 1829, provoquée sur la question de savoir si l'article 110 de l'instruction précitée était applicable aux sous-officiers et soldats.

Les exemplaires voulus par la loi ont été déposés à la Direction de l'Imprimerie.

Tout contrefacteur ou débitant de contrefaçons de cet Ouvrage sera poursuivi suivant la rigueur des lois.

TITRE PREMIER.

DU CAPORAL.

PARTIE SPÉCIALE.

CHAPITRE PREMIER.

De l'Avancement.

ARTICLE PREMIER. Les caporaux sont pris parmi les soldats, et nommés par le colonel ou l'officier supérieur qui commande le corps, sur la présentation de trois sujets choisis sur le tableau d'avancement du bataillon ; cette présentation est faite par le capitaine commandant de la compagnie dans laquelle l'emploi se trouve vacant.

ART. 2. Pour être nommé caporal il faut :

1° Avoir servi activement comme soldat pendant un an au moins dans un corps de l'armée ;

2° Être de la première classe ;

3° Être en état d'instruire un homme de recrue ;

4° Être instruit sur le service des places et des postes en ce qui concerne les fonctions de caporal (1).

Art. 3. Les caporaux sont reçus dans leur garde par l'officier de semaine à l'un des appels.

4. Les caporaux sont suspendus de leurs fonctions, ou cassés comme il est dit aux articles 113 et 114 ci-après.

PREMIÈRE PARTIE.

DES DEVOIRS DU CAPORAL.

CHAPITRE II.

Devoirs généraux.

5. Les caporaux doivent l'exemple de la bonne conduite et de

____

(1) Comme aux chapitres 6 et 7 ci-après.

l'exactitude la plus scrupuleuse à remplir leurs devoirs.

6. Ils surveillent les soldats indistinctement, en tout ce qui tient à l'honnêteté et à la tranquillité publique.

7. Ils répondent plus particulièrement de leur escouade et de l'observation de ce qui est relatif au service, à la tenue, à la police et à la discipline.

8. Ils enseignent aux recrues de leurs chambrées à plier leurs effets et à les placer dans le sac; ils les forment au détail du service intérieur de la chambrée; ils les accoutument à tenir dans la plus exacte propreté toutes les parties de leur habillement, équipement et armement; à connaître et à démonter toutes les parties du fusil.

9. Ils leur apprennent qu'on doit, en toute circonstance, donner des marques de déférence et de respect

à ses supérieurs : les prévenir par le salut d'usage ; porter, en passant auprès d'eux, en les abordant ou en leur parlant, la main au schakos, ou se découvrir si l'on est en chapeau ou en bonnet de police ; se lever si l'on est assis lorsqu'ils passent ; enfin, qu'au théâtre, ou en tout autre lieu public, on doit, si l'on n'y est pas de service, se découvrir comme tous les autres spectateurs, quelque coiffure qu'on ait.

10. Ils alternent dans chaque compagnie pour le service de semaine, excepté celui qui remplira les fonctions de sergent, ce qui ne le dispenserait pas de ses devoirs comme chef de chambrée et d'ordinaire ; ils rouleront sur tout le régiment pour les gardes et détachemens, etc.

11. Ils sont exempts de toute corvée, même de celle de la soupe.

12. Lorsqu'il y a deux caporaux dans une même chambrée, le plus ancien est chargé de la police; il est en même temps chef de l'ordinaire; cependant comme tel caporal, d'ailleurs très-propre aux autres fonctions de son grade, ne l'est pas toujours à celle de chef d'ordinaire, le capitaine peut désigner le caporal le moins ancien ou même un soldat qui, à l'aptitude, réunisse la confiance de ses camarades. Le plus ancien caporal n'en reste pas moins chargé de tout ce qui est relatif à la police et à la discipline de sa chambrée. Le moins ancien doit cependant y concourir et empêcher tout ce qui y serait contraire.

Devoirs
du Caporal de Chambrée.

13. Le caporal loge avec les hommes de son escouade; il choi-

sit, ainsi que les soldats, son camarade de lit sous l'approbation de l'officier de section.

14. Le Caporal en prenant une chambrée, doit reconnaître avec le fourrier, le nombre, l'espèce et la qualité des objets de casernement qu'elle contient, afin d'en établir l'état détaillé, et de n'être responsable qu'autant qu'il doit l'être.

15. Il se conforme à tout ce qui est prescrit par les articles 6, 7, 8, 9 et 10 ci-dessus, et réprime tout ce qui se dit et se fait contre le bon ordre. En son absence et à défaut de caporal son autorité et sa responsabilité passent au plus ancien soldat.

16. S'il y a quelques malades à la chambre, il doit en informer, à l'appel du matin, le sergent-major.

17. Il veille à ce que le cuisinier se lève assez tôt pour que la soupe

puisse être mangée à l'heure prescrite.

18. Au roulement du réveil il
doit faire lever les hommes de sa
chambrée, en faire l'appel et s'assurer que la soupe se prépare, faire
découvrir les lits, plier les capotes
s'il a été permis de s'en servir, et,
à moins que la pluie ne s'y oppose
absolument, il fait ouvrir les fenêtres qui ne doivent être fermées que
quand la chambre et les lits ont été
bien aérés.

19. Il doit rendre compte au sergent-major de l'appel, et de l'heure
à laquelle sont rentrés les hommes
qui, par permission ou autrement,
n'étaient pas à l'appel du soir.

20. Il doit veiller à ce que les
soldats, surtout les recrues, se pei-
gnent ou se brossent la tête, se
lavent le visage et les mains. Ensuite
il fait faire les lits ; il fait mettre tous
les effets dans l'état de propreté et

d'arrangement prescrit, balayer la chambre, même sous les lits, nettoyer les tables et ustensiles de cuisine, et déposer toutes les ordures dans le corridor d'où elles doivent être enlevées par les soins du caporal de semaine. Dans la chambre où se fait l'ordinaire, c'est le cuisinier qui est chargé de cette corvée ; dans les autres, elle est faite par les soldats, à tour de rôle. Le caporal de chambrée veille en même temps à ce que les hommes qui doivent être de service, mettent dans le meilleur état possible toutes les parties de leur armement, habillement et équipement, et à ce que ceux qui veulent sortir, soient dans une tenue exacte.

21. Dès qu'on a mangé la soupe il faut de nouveau balayer, nettoyer les tables et ustensiles de cuisine, et enlever les ordures.

22. Il fait préparer, pour les heures prescrites, les hommes dési-

gnés pour les différens services et pour la classe d'instruction.

23. Il se fait rendre et il remet au sergent-major les cartouches et balles des hommes rentrant de service.

24. Il fait cesser tous les jeux qui pourraient occasionner des querelles ou être contraires au bon ordre. Il fait coucher les hommes ivres; et, dans le cas où ils troubleraient la chambrée, il les conduit à la salle de police.

25. Il ne permet pas que l'on fume au lit, que l'on batte les habits dans les chambres, que l'on se serve des draps ou couvertures pour s'essuyer, que sous aucun prétexte on retire de la paille des paillasses, que les soldats nettoient leurs armes sur les lits, ni qu'ils s'y couchent avec leurs souliers.

26. Il doit rendre compte au sergent de semaine, à celui de sa

subdivision, et au sergent-major, des punitions qu'il a été dans le cas d'infliger. Il doit, de plus, des rapports détaillés au sergent de la subdivision, lorsque celui-ci fait sa tournée.

27. En cas d'événement imprévu, comme désertion, duel, vol, etc.; il en informe sur le champ le sergent de subdivision, ou celui de semaine, ou le sergent-major.

28. Lorsque les soldats sont rentrés d'un service quelconque, il doit examiner s'ils rapportent tous leurs effets; il les leur fait remettre dans le plus grand état de propreté, et replacer dans l'ordre accoutumé.

29. Il doit s'assurer que les effets d'armement et d'équipement des travailleurs sont bien entretenus par les hommes qui en sont chargés.

30. Comme il est responsable de ce que laissent les déserteurs, dès qu'il est certain ou même qu'il

soupçonne qu'un homme de la chambrée a disparu, il doit faire porter ses effets chez le sergent-major.

31. Il s'oppose à ce que les soldats se prêtent leurs effets d'habillement et d'armement, à moins d'une autorisation du sergent-major.

32. Il peut faire, mais toujours en présence d'un soldat, la visite d'un ou plusieurs sacs, toutes les fois que quelque motif la lui fait juger nécessaire: par exemple, s'il soupçonnait un homme d'avoir vendu des effets de linge et chaussure ou de petit-équipement, ou d'en receler de perdus ou volés, il doit en prévenir le sergent de subdivision, qui est tenu d'assister à cette visite autant que possible.

33. Tous les mois il doit faire nettoyer les vitres en dehors et en dedans.

34. Il fait l'appel du soir à haute

voix, en présence du sergent-major, lorsqu'il passe dans les chambres.

35. Il empêche les soldats de se servir de leur bonnet de police pour la nuit; attendu qu'ils doivent avoir un serre-tête ou un bonnet de coton.

36. Il doit s'assurer que le cuisinier a rempli les cruches d'eau pour la nuit; il lui fait éteindre le feu et la lumière à la batterie qui en donne le signal.

37. Il veille à ce que personne ne sorte après l'appel du soir; et si quelqu'un trompe sa surveillance à cet égard, il en rend compte sur le champ au sergent-major.

38. Quand un officier entre dans une chambre, les soldats se lèvent se découvrent s'ils sont en bonnet de police, gardent le silence et l'immobilité; si c'est un officier supérieur ils se placent au pied de leurs lits. Le caporal veille à ce que cela s'exécute et suit l'officier pour recevoir ses observations et ses ordres.

39. Lorsque les localités le permettent, les chambres sont tenues
et arrangées ainsi qu'il suit :

40. Le nom de chaque soldat est
inscrit à la tête du lit qu'il occupe
et à la place la plus apparente; il
l'est aussi au-dessus des fusil, sabre, giberne, etc.

41. Le sac de chaque homme doit
être placé sur la première planche
de son lit; il est toujours fait et
fermé de manière à pouvoir être
chargé, et contient tous les effets,
sauf ce qui est d'un usage habituel.

42 Les capotes pliées suivant
la manière établie sont posées sur
la même planche.

43. Les habits et vestes pliés en
deux, la doublure en dehors, sont
posés sur la même planche au-
dessous du sac.

44. Les bonnets à poil ou schakos
dans leur étui étiqueté sont sur la
planche supérieure.

45. Les fusils sont placés à un ratelier d'armes ; le chien abattu et garni de sa pierre de bois.

46. Les gibernes sont suspendues par les banderolles à des chevilles établies à cet effet ; les sabres sont également suspendus par leurs ceinturons ; la baïonnette, dans le fourreau attaché à la giberne.

47. Les souliers sont accrochés la semelle en dehors, après avoir été nettoyés, à des clous placés au-dessus du chevet, dans les supports du rayon supérieur.

48. Les petits ustensiles nécessaires à la tenue doivent être rangés, aussitôt qu'on s'en est servi, dans les poches du dessus du havre-sac.

49. Le linge sale se renferme dans les poches du havre-sac, et l'on doit éviter qu'il soit placé entre la paillasse et le matelas.

50. A moins de nécessité absolue, il ne doit pas être étendu de linge

dans les chambres pour le faire sécher.

51. Le livret d'ordinaire doit être attaché à un clou fixé sur la cheminée.

52. Les ustensiles de cuisine et autres objets relatifs à l'ordinaire doivent être tenus très-proprement et placés de manière qu'ils ne puissent gêner. Le pot au blanc doit être couvert et dans un endroit où il ne puisse être renversé.

53. Le chauffage est rangé, si c'est de la tourbe, dans un coin de la cheminée; si c'est du bois, dans l'emplacement le plus convenable, et sous les lits lorsqu'il y a impossibilité de le placer ailleurs.

54. Le pain est placé sur les planches destinées à cette usage, et la viande pendue à un clou en dehors de la fenêtre; mais pendant l'été, le cuisinier a soin de ne pas la laisser exposée au soleil, et il est essen-

tiel que dans chaque ordinaire, il y ait un morceau de toile pour la garantir des mouches. Les légumes se placent à l'endroit où ils gênent le moins, et où ils ne puissent être foulés.

55. Quand les localités ne permettent pas toutes ces dispositions, on s'en rapproche le plus possible, à l'effet d'établir dans la tenue des chambrées un ordre uniforme, qui puisse à la fois faciliter l'inspection des effets et leur conservation, entretenir la propreté et surtout mettre les soldats en état de tout trouver promptement s'il fallait s'assembler à l'improviste, armes et bagages.

56. A moins de circonstances particulières, le samedi étant consacré aux travaux de propreté, le caporal empêche ce jour-là, après la soupe, qu'aucun soldat sorte avant que l'officier de section ait passé sa revue. Dans la journée,

sous la surveillance des sergens, il fait battre les couvertures, les habits, blanchir la buffleterie, nettoyer les armes, laver les tables et les bancs, et mettre le tout dans l'état de la plus exacte propreté.

Le dimanche le caporal doit s'assurer que tous les soldats prennent du linge blanc.

57. Il veille à ce que le linge soit raccommodé après le blanchissage, et à ce que les clous qui manqueraient à la chaussure soient remplacés soigneusement.

58. Afin de maintenir l'uniformité de nuances dans la buffleterie, le chef de chambrée a un vase dans lequel il prépare ou fait préparer, en sa présence, les matières destinées à la blanchir; il s'oppose à ce qu'on se serve de matières préparées ailleurs.

59. La veille du prêt, le caporal chef d'ordinaire présente à l'officier de section le livret servant à l'ins-

cription des recettes et dépenses, pour qu'il le vérifie et l'arrête.

60. Le jour du prêt il porte le livret chez le sergent-major, pour y recevoir la solde et y faire inscrire en sa présence, le nouveau prêt, ainsi que les autres objets de recette. Les recettes extraordinaires se composent d'une retenue de *cinq centimes* par jour sur chaque travailleur; *dix centimes* par jour pour chaque caporal, et *cinq centimes* pour chaque soldat puni, de la salle de police et du cachot.

On peut encore y faire verser *six francs* par mois pour chaque travailleur si leur service est fait, et leurs armes entretenues en commun par les hommes de l'ordinaire.

61. De retour à la chambre il donne aux soldats leurs deniers de poche, du prêt expiré, sur lesquels il n'est permis, sous quelque prétexte que ce soit, de faire aucune

retenue; il ne peut faire aucun autre décompte, le reste du prêt devant être consommé aux dépenses de l'ordinaire.

62. Toutes les subsistances, excepté le pain de munition, y doivent être en commun ; il en est de même des ingrédiens pour blanchir la buffleterie, éclaircir les armes, cirer les gibernes et noircir les souliers, soit qu'on les emploie en commun, soit qu'on les distribue au besoin à chaque homme.

63. C'est aussi sur le prêt que le caporal paie le blanchissage, à raison d'une chemise et d'un mouchoir par homme et par semaine. Le lundi matin, il fait rassembler le linge sale et le remet en compte à la blanchisseuse. Celle-ci rapporte le linge blanc le samedi autant que possible; le caporal le reçoit et fait remettre à chacun ce qui lui appartient. S'il y a des plaintes contre la

blanchisseuse, soit que le linge se trouve mal blanchi, soit qu'elle ne le rende pas exactement, il en fait le rapport à son sergent et à l'officier de section.

64. Il est expressément défendu de se servir d'ustensiles de cuivre pour la cuisine, à moins d'impossibilité reconnue d'en avoir d'autres ; dans ce dernier cas ils doivent être soigneusement étamés et nettoyés.

65. Aucun caporal ou soldat ne peut se dispenser de manger à l'ordinaire sans une permission de l'officier de section approuvée par le capitaine.

66. Le caporal chef d'ordinaire maintient l'ordre pendant les repas et une exacte justice dans la distribution des alimens.

67. Il commande, à tour de rôle, les soldats et les tambours pour faire la soupe en commençant par le moins ancien.

68. Il fait conserver, le matin, et tenir chaude celle des hommes de garde, pour qu'ils la mangent à leur retonr; il la fait porter, le soir, par le cuisinier, aux nouveaux hommes de garde.

69. Lorsque l'emplacement des postes ou l'heure de les relever rend utile que la soupe leur soit portée le matin, le lieutenant-colonel en donne l'ordre.

70. Le chef d'ordinaire doit faire porter également aux détenus les subsistances qui ont été fixées lors de la punition.

71. On ne conserve pas de soupe pour ceux qui, devant manger à l'ordinaire, ne se trouvent pas présens à l'heure prescrite, et il est défendu d'en mettre à part, si ce n'est pour les sous-officiers qui, par circonstances, seraient forcés de vivre à un ordinaire.

72. Le caporal exige que le cui-

sinier soit toujours en tenue de corvée et ne s'absente pas sans nécessité.

73. Quand un homme de recrue fait la soupe pour la première fois, il est défendu d'exiger de lui qu'il ajoute à l'ordinaire; et dans tous les cas, le caporal ne peut le lui permettre sans l'autorisation du sergent de subdivision.

74. Le pain donné, fourni ou acheté en plus pour la soupe y doit être uniquement et entièrement employé.

75. Le chef d'ordinaire doit acheter des denrées saines et nourrissantes, et les chercher dans les prix les moins élevés; la viande de bœuf remplissant ces deux objets doit être, autant qu'il se peut, la seule en usage.

76. Pour aller faire les emplettes de l'ordinaire, il doit être en tenue, armé de son sabre, et toujours ac-

compagné d'un soldat en sarrau, veste ou capote et bonnet de police, qui rapporte à la chambre les diverses provisions et qu'il ne peut empêcher de débattre les prix, ni d'aller à d'autres marchands. A son retour, il inscrit les dépenses sur le livret de l'ordinaire, en présence de ce soldat dont il mentionne le nom.

77. Le cuisinier doit tenir la chambre dans le plus grand état de propreté. Après que les lits ont été faits et que la chambre a été balayée, il ôte la poussière de dessus les effets d'armement; il nettoie les ustensiles de cuisine, qu'il doit rendre propres et consigner à celui du lendemain. Il ne peut fendre le bois que dans la cour, et non dans les chambres, corridors et escaliers. C'est au caporal de faire observer tous ces détails.

78 Le tableau des tours de corvée

doit être affiché, par les soins du chef d'ordinaire, dans un lieu apparent de la chambre, afin que chacun puisse le vérifier quand il le juge à propos. Les corvées commencent par la queue du contrôle de formation.

79. Tout soldat chef d'ordinaire est exempt des corvées de soupe et de pain.

Devoirs du Caporal de semaine.

80. Le caporal de semaine doit toujours être en tenue. Il en est établi deux par compagnie lorsqu'elle occupe deux quartiers ou cantonnemens, ils alternent par section pour qu'il y en ait un dans chacune d'elles.

81. Il commande les corvées, et, autant que possible, il le fait aux appels ; le contrôle de la compagnie lui est remis à cette effet par celui qu'il relève.

82. Après l'appel du lever, à la batterie qui a lieu à cet effet, il rassemble les hommes de corvée pour leur faire nettoyer les corridors et escaliers; après quoi, il les conduit au sergent de garde qui, de son côté, leur fait nettoyer les cours, les latrines, fait vider les baquets, etc., lorsqu'il n'y a pas assez de consignés ou de détenus à la salle de police pour cette corvée.

83. A la batterie pour le rassemblement de la garde, il réunit les hommes de service, et les présente à l'adjudant de semaine.

84. Il assiste à la garde montante ou parade, et se rend de là dans chaque chambrée pour y transmettre les ordres.

85. Il réunit les hommes des différentes classes d'instruction, et, après l'inspection du sergent, il conduit ceux de la dernière classe au rassemblement général.

86. Le Dimanche il ne quitte son service qu'après avoir remis le contrôle de la compagnie à celui qui le remplace ; ce qui a lieu en présence du sergent de semaine, après la garde montée. (*Ordonnance du 15 mai 1818*).

CHAPITRE III.

CONSIGNE GÉNÉRALE

POUR LA GARDE DE POLICE AU QUARTIER.

Devoirs de la Sentinelle du poste.

87. Comme toutes les sentinelles, celle du poste de police a trois alertes pour lesquelles elle crie *aux armes*, le bon Dieu, le feu et le bruit. Elle crie encore *aux armes* pour rendre les honneurs à un officier général qui entrerait au quartier, et *hors la garde* pour le colonel et pour l'officier supérieur

qui commande en son absence. Elle présente les armes aux officiers généraux et supérieurs, les porte pour les autres officiers, ainsi que pour les chevaliers de Saint-Louis et ceux de la légion d'honneur.

88. Elle doit s'opposer à ce que aucun soldat fasse entrer ou apporter des légumes au quartier à moins que le porteur ne soit accompagné d'un caporal en tenue.

89. Elle doit empêcher qu'aucun soldat ou étranger sorte du quartier avec un paquet, à moins qu'un caporal ne l'accompagne. Si on jetait un paquet par les fenêtres, elle en préviendrait le sergent ou le caporal.

90. Elle ne laisse entrer au quartier d'autres femmes que celles qui y sont logées ou qui appartiennent au corps, à moins que le sergent de garde ne l'ordonne; elle en use de même pour tout autre étranger.

91. Elle ne souffre pas qu'on fasse ou qu'on jette des ordures près du poste ni dans l'intérieur du quartier hors les endroits à ce destinés.

92. Elle doit bien observer que les sous-officiers et soldats qui lui sont désignés comme consignés au quartier n'en sortent point.

93. Elle empêche les caporaux et soldats de sortir après l'appel du soir; elle fait passer au corps-de-garde tous ceux qui rentreraient après cet appel, même les sous-officiers ainsi que les ouvriers du corps et travailleurs en ville.

94. Si, pendant la nuit ou après la batterie pour éteindre les lumières, elle en aperçoit dans les chambres, elle en avertit le sergent.

95. Après dix heures du soir elle crie *qui vive* sur tout le monde, et exige qu'on ne passe qu'à quelques pas d'elle. Si la garde est extérieure et qu'une patrouille se pré-

sente, elle crie : *halte-là, aux armes, venez reconnaître.*

Devoirs du Caporal de garde.

96. Le caporal se place à la droite de la garde lorsqu'il la commande, et à la gauche dans le cas contraire,

97. Il doit reconnaître en arrivant, tous les ustensiles, registres et consignes du corps-de-garde; s'il les trouve en mauvais état il en fait le rapport au commandant du poste et celui-ci à l'ajudant. Il fait de même pour la salle de discipline, et y vérifie le nombre des détenus.

98. Il numérote les hommes de la garde pour déterminer l'ordre de faction; il fait tirer au sort les corvées parmi ceux qui restent après la première pose, et il désigne, lorsqu'il y a lieu, les plus intelligens pour les rapports-verbaux et pour aller recevoir l'ordre et le mot.

99. Pour conduire en faction il se conforme à ce qui est prescrit aux articles 161, 162 et 163 ci-après.

100. Lorsqu'une ronde ou patrouille est arrêtée, la garde prend les armes, le caporal se porte à quinze pas de la sentinelle, crie à son tour *qui vive!* et, après qu'on lui a répondu il dit : *avancez à l'ordre*. Il a désigné d'avance les hommes pour aller reconnaître avec lui.

101. Le caporal a les clefs de la salle de discipline, et ne peut les confier qu'au sergent de garde, pendant qu'il va relever les sentinelles. Il n'y laisse entrer ni sortir qui que ce soit, que d'après les ordres du commandant du poste.

Il s'assure que toutes les soupes soient réunies et portées en même temps aux détenus, et qu'il ne soit rien ajouté à ce qu'il leur est accordé.

Il reste à la salle de discipline pendant que les détenus mangent la soupe. Il ne permet pas qu'on y porte de la lumière, des pipes ou d'autre boisson que de l'eau.

Il empêche que les prisonniers aient des relations avec des soldats; en conséquence il n'ouvre la porte que pour les sous-officiers et caporaux.

Tous les matins, à l'heure de la corvée de propreté, il y fait la visite, reconnaît les dégradations, voit s'il n'y a point de malades, fait balayer, vider les baquets et renouveler l'eau dans les cruches. Avant la nuit il fait la même chose. (*Ordonnance du 13 mai 1818.*)

CHAPITRE IV.

Des permissions pour les sous-officiers et soldats.

102. Quand aucun rassemblement ne s'y oppose, les permissions

de l'appel de dix heures et demie sont accordées aux sous-officiers, caporaux et soldats, par l'officier de semaine; elles peuvent l'être aux caporaux et soldats, par le sergent-major ou en son absence par le sergent de semaine. Il en est rendu compte à l'officier de semaine.

Les permissions pour manquer à la soupe peuvent être accordées par le caporal de chambrée.

103. Pour une permission d'appel du soir, les caporaux et les soldats s'adressent le matin avant le rapport au sergent-major de leur compagnie, qui la demande au capitaine, lequel d'après la conduite de celui qui la sollicite juge s'il doit l'accorder ou la refuser.

Ces permissions doivent être signées du capitaine et contre-signées par l'adjudant de semaine; ceux qui les ont obtenues sont obligés de les rendre eux-mêmes, en rentrant au quartier, au commandant de la garde de police qui y inscrit l'heure de leur retour.

Si, dans le courant de la journée, un caporal ou un soldat a besoin de la permission de l'appel du soir qu'il n'ait pu faire demander suivant la règle ordinaire, il s'adresse à son sergent-major qui en fait la demande à l'officier de semaine; celui-ci est autorisé à l'accorder et à la signer après s'être assuré qu'elle n'a pu être demandée le matin et qu'elle a un motif pressant et légitime.

CHAPITRE V.

Des Punitions.

104. Les punitions ne doivent être infligées que par le seul motif d'infraction aux devoirs et jamais par haine ou par passion. On ne saurait trop s'attacher à connaître

toutes les circonstances qui peuvent atténuer ou aggraver les fautes, afin que la justice la plus exacte préside à leur répression ; mais aussi nulle faute, surtout si elle est publique, ne doit rester impunie.

On ne doit jamais en infligeant une punition se permettre des propos outrageans ou avilissans ; le calme du supérieur doit faire connaître qu'il n'écoute que la loi du devoir, et qu'il n'a d'autre objet que le bien du service.

105. Les caporaux et soldats sont punis ;

1° Pour manque aux appels de la journée, pour les fautes légères de chambrée ou de tenue, ou contre l'immobilité sous les armes à l'instruction, par la consigne au quartier ; les soldats peuvent l'être aussi par une ou plusieurs corvées.

2° Pour les fautes contre la propreté personnelle, ou pour négligence dans l'entretien des effets, par un ou plusieurs jours d'inspection avec la garde.

3° Pour manque à l'appel du soir, pour mauvais propos, désobéissance, querelle, ivresse, etc., par la salle de police simple ou avec réduction au pain et à l'eau.

4° Enfin pour des cas plus graves, par la prison ou par le cachot, avec condamnation au pain et à l'eau selon qu'il y a lieu. Les caporaux peuvent en outre être suspendus de leurs fonctions ou cassés comme ci-après, articles 113 et 114.

106. Il ne peut être infligé au delà de quinze jours de prison, ni plus de quatre jours de cachot. Lorsqu'il y a réduction au pain et à l'eau, on doit observer que sur quatre jours il y en ait deux de subsistances ordinaires.

Tout homme légèrement pris de boisson, et qui ne trouble pas l'ordre et la tranquillité est seulement consigné au quartier jusqu'au soir.

Par qui sont ordonnées les Punitions.

107. Les corvées, la consigne au quartier, l'inspection avec la garde, les différentes classes d'instruction et la salle de police, peuvent être ordonnées par les caporaux.

La salle de police avec condamnation au pain et à l'eau et la prison peuvent l'être par les officiers de la compagnie, par tous les capitaines, par les adjudans-majors et par les officiers supérieurs.

Le cachot ne peut être ordonné que par le commandant du corps ou du détachement. (*Ordonnance du 13 mai 1818*).

108. Les caporaux consignés sont désignés à la garde de police; les soldats consignés portent à la jambe

gauche une guêtre noire ayant une guêtre différente ou un bas à la jambe droite; les uns et les autres ne sont dispensés d'aucune espèce de service. Ils ne peuvent sortir qu'avec l'assentiment de l'adjudant de semaine, et sous l'escorte d'un sous-officier si c'est un caporal, d'un caporal si c'est un soldat.

109. Les caporaux ou soldats détenus à la salle de police, en prison ou au cachot, y sont en bonnet de police, veste et capote.

Punis de la salle de police, ils sont exercés tous les jours à telle classe d'instruction que juge à propos l'adjudant major de semaine; les soldats sont de plus employés à toutes les corvées du quartier, les uns et les autres ne sont dispensés d'aucun service; ils reprennent leur punition au retour, ce dont les sous-officiers et caporaux de semaine restent responsables.

Les caporaux et soldats en prison ou au cachot ne font pas de service.

A la salle de police, en prison ou au cachot, ils subissent chaque jour au profit de l'ordinaire, une retenne sur leur solde; savoir : les caporaux de *dix centimes*, les soldats de *cinq centimes*, pendant toute la durée de leur punition; mais les jours où ils doivent être au pain et à l'eau il leur est fourni une double ration de pain aux frais de l'ordinaire.

Compte à rendre des Punitions.

110. Tout officier ou sous-officier est tenu de rendre compte le plus tôt possible, au grade immédiatement supérieur, des punitions qu'il a ordonnées. Le commandant du corps ou du détachement peut les restreindre, les infirmer ou les augmenter.

111. Les sous-officiers et caporaux qui punissent un hommme
d'une autre compagnie, en infor-
mont le sergent-major de cette
compagnie.

112. Les punitions des sous-officiers,
caporaux et soldats, indiquées ci-
dessus pour les garnisons, sont les
mêmes pour les cantonnemens, et
elles sont analogues pour les camps:
ainsi les corvées du quartier sont
celles du camp ; les arrêts dans
la chambre ont lieu dans la tente
ou barraque ; la salle de police est
la garde de police ; la prison celle
du lieu ou du quartier-général.

113. Le colonel, ou en son absence, le commandant du corps,
suspend de leurs fonctions, pour
un temps déterminé, les sous-officiers, fourriers et caporaux, sur la
proposition, soit du capitaine, soit
du chef de bataillon, ou sur celle
du major si les motifs concernent

l'administration. Ce pouvoir appartient encore à tout commandant de bataillon, de compagnie s'administrant soi-même. (*Art. 383 de l'ordonnance du 13 mai 1818.*)

114. Les sous-officiers et caporaux sont cassées définitivement par les inspecteurs généraux et les lieutenans généraux commandant les divisions, sur la proposition des chefs de corps. (*Circulaire du 25 mars 1820, insérée au journal militaire, 2° semestre 1821, p. 27.*)

115. Les sous-officiers et caporaux membres de la légion d'honneur, ne peuvent être cassés que d'après l'autorisation du Ministre de la Guerre ; jusque-là ils peuvent être suspendus de leurs fonctions. (*Art. 383 de l'ordonnance du 13 mai 1818.*)

116. Les suspensions se mettent à l'ordre, ainsi que les cassations ; mais, quand celles-ci sont défini-

tives, elles sont prononcées en présence de la troupe, d'une manière
analogue aux réceptions.

Quand un sous - officier ou un
caporal descend à un grade inférieur, l'ordre annonce seulement
qu'il remettra ses galons et il ne
paraît pas devant la troupe.

Pour être cassé il y paraît sans
être décoré.

117. Tout sous-officier ou caporal
cassé définitivement, passe dans une
autre compagnie; il y prend son
rang d'ancienneté.

118. Les sous-officiers ou caporaux suspendus de leurs fonctions
et ceux cassés provisoirement, continuent à recevoir leur solde.

119. A moins que la solde des
sous-officiers ne soit passible de re-
tenues, ceux qui sont suspendus vivent à leur ordinaire accoutumé ;
ceux cassés provisoirement vivent
seuls, et tirent leur subsistance du
même ordinaire.

Réclamations par suite de punitions.

120. Tout sous-officier, caporal ou soldat auquel il a été infligé une punition doit d'abord s'y soumettre; mais comme il peut arriver que des rapports inexacts, des informations mal prises, ou des motifs particuliers ou étrangers au service dictent des punitions injustes ou trop sévères, il peut adresser sa réclamation au grade immédiatement supérieur à celui qui l'a puni, pour qu'elle soit transmise de grade en grade jusqu'à l'autorité qui doit juger si elle est à admettre ou à rejeter : cette autorité est à l'égard des sous-officiers, caporaux et soldats, le capitaine de la compagnie.

En aucun cas un homme en état d'ivresse ne peut être entendu.

121. S'il est du devoir des officiers d'écouter avec bonté les ré-

clamations qui leur sont portées, et
d'y faire droit s'il y a lieu, ils doivent prolonger du double les punitions contre lesquelles on aurait
réclamé sans de justes motifs.

122. L'officier ou le sous-officier
qui aurait puni mal à propos, est
puni lui-même suivant l'exigence
du cas.

Réclamations relatives à des effets d'habillement ou autres.

123. quand un sous-officier, caporal ou soldat, croit avoir à se
plaindre de la qualité d'un effet qui
lui a été donné, soit à son compte,
soit à celui du corps, il doit s'em-
presser de le présenter à son capitaine pour se faire rendre justice,
et même aux officiers supérieurs,
s'il y a lieu, notamment au major.

124. Tout sous-officier, caporal
ou soldat qui aurait à faire une
réclamation au colonel ou à lui

parler pour un autre objet, doit autant que possible, saisir pour cela le moment qui suit ses inspections ou ses visites de chambrée, et s'adresser préalablement à l'adjudant qui est près de lui dans ces instans. Si, pour des raisons particulières il est nécessaire de l'entretenir chez lui, ce doit être après la parade, et le réclamant est accompagné d'un sous-officier à son choix.

125. Les officiers de tout grade, les sous-officiers, caporaux et soldats, peuvent adresser des réclamations par écrit aux généraux sous les ordres desquels se trouve le corps, et aux intendans militaires pour ce qui concerne l'administration. Toutefois ils ne peuvent s'adresser aux officiers généraux, ni aux intendans ou sous-intendans militaires, qu'après avoir réclamé auprès du colonel, à moins que la réclamation ne le concerne person-

nellement. Si la plainte n'est pas fondée, celui qui l'a formée est puni sévèrement.

Des ordinaires et des logemens en route.

126. Les ordinaires se font dans les logemens des caporaux, qui demeurent responsables du bon ordre, de la tranquillité et du respect que l'on doit aux habitans et à leurs propriétés. Ils doivent acheter, à l'exception du bois, tout ce qui est nécessaire; en conséquence, ils ne doivent souffrir aucun objet de maraude, et ce, sous les peines prononcées par les lois et réglemens. Les hôtes ne sont obligés de fournir pour l'ordinaire que la place au feu, les pots, plats, assiettes et autres ustensiles de cuisine, ainsi que le bois s'il n'en a pas été distribué.

127. Non - seulement dans les

ordinaires, mais encore dans les logemens, les soldats ne doivent rien exiger, et quand même leurs hôtes refuseraient ce qui leur est légitimement dû, ils doivent s'abstenir de tous mauvais procédés ou voies de fait, mais avertir l'officier ou le sergent de leur section qui sont chargés de leur faire rendre justice. Les hôtes ne peuvent être déplacés du lit, ni de la chambre qu'ils occupent habituellement. Ils ne peuvent cependant sous ce prétexte se soustraire à la charge du logement selon leurs facultés. (*Ordonnance du 13 mai 1818*).

128. Les habitans doivent fournir un lit pour deux caporaux et soldats, de même que pour deux sergens; mais ces derniers ne doivent, dans aucun cas, coucher avec les soldats ni avec des sous-officiers d'un autre corps.

Les lits fournis par les habitans

doivent, autant que possible, être composés comme ceux des casernes; il doit y avoir dans la chambre, deux chaises ou un banc. (*Règlement du* 20 *juillet* 1824.

Les habitans doivent en outre aux sous-officiers et soldats, place au feu et à la chandelle.

CHAPITRE VI.

Du service des gardes dans leurs postes dans les places.

129. Lorsque la nouvelle garde approche du poste qu'elle doit relever, l'officier ou sous-officier qui la commande lui fait porter les armes et ordonne au tambour de battre aux champs.

130. Celui qui commande l'ancienne garde lui fait prendre les armes et la fait ranger de manière

qu'elle laisse sur la gauche le terrain nécessaire pour que la nouvelle garde puisse s'y former ; le tambour bat aux champs.

131. Les gardes qui ne sont composées que de six hommes se mettent en haie ; celles de 12 se forment sur deux rangs et celles de 18 et au-dessus sur trois rangs.

132. De quelque nombre d'hommes que soit composée une garde, elle doit toujours être partagée en deux ou quatre divisions, afin que si les circonstances exigent qu'elle tire, elle ne se dégarnisse pas à la fois de tout son feu.

133. Tout officier qui commande un poste, se place devant le centre de sa garde à deux pas en avant du premier rang.

134. Tout sous-officier ou caporal commandant un poste se place sur le flanc droit, le tambour se place à la droite.

135. Toutes les fois que les gardes prennent les armes elles doivent se ranger dans le même ordre.

136. Les officiers et sous-officiers commandans des deux gardes doivent s'avancer les uns vers les autres; ceux de la garde descendante doivent donner la consigne à ceux de la garde montante.

137. Le commandant de la nouvelle garde ordonne ensuite au premier caporal d'aller prendre possession du corps-de-garde : ce caporal se nomme caporal de consigne.

Dans les petits postes commandés par un caporal, il est en même temps caporal de consigne.

138. Le caporal de consigne de la nouvelle garde visite avec celui de l'ancienne, les corps-de-garde, bancs, tables, vitres, falots, guérites et toutes les autres choses consignées, pour voir si elles sont en

bon état; s'il y a été commis des dégradations il en est rendu compte au major de la place, pour faire réparer lesdites dégradations aux dépens des officiers et sous-officiers de la garde descendante.

139. Les caporaux de consigne sont mis en prison toutes les fois qu'il est fait des dégradations aux choses qui leur sont consignées.

140. Les caporaux et brigadiers d'un même poste, partagent entre eux le temps de leur garde, en sorte qu'ils aient un service égal à faire entr'eux, soit de jour, soit de nuit; ils règlent pareillement le temps de la garde des soldats et cavaliers, de manière qu'ils aient autant d'heures de faction à faire les uns que les autres; et lorsque ce partage ne pourra être fait exactement, le sort en décidera.

141. Le caporal chargé de poser les sentinelles, pendant le temps

qu'il remplit cette fonction, s'appelle le caporal de pose, il prend la consigne de celui qui a fait la pose précédente, et ils vont ensemble relever les anciennes sentinelles et poser les nouvelles.

142. Un caporal commandant un petit poste peut se faire aider, pour poser et relever les sentinelles, par le plus ancien soldat.

143. Lorsque la visite du poste est faite par les caporaux de consigne de la nouvelle et de l'ancienne garde, le commandant de la garde montante désigne les sentinelles de première pose, et fait le commandement de, *première pose en avant.*

A ce commandement le caporal et les soldats de première pose forment un rang en avant de la garde et le caporal les numérote.

144. Le commandant de la garde ayant ensuite ordonné au caporal d'aller relever les sentinelles, ce

caporal et celui de la garde descendante, iront ensemble relever lesdites sentinelles dans l'ordre prescrit par les articles 158, 159 et suivans.

145. Les sous-officiers et caporaux qui ont été détachés d'une garde, doivent la rejoindre dès qu'ils ont été relevés.

A leur retour ils rendent compte à l'officier et font, devant lui, l'appel des soldats qui ont été détachés avec eux.

146. Lorsque le commandant de l'ancienne garde a rassemblé tous les petits postes et sentinelles, il les fait rentrer dans les rangs et se met en marche, le tambour de l'ancienne et de la nouvelle garde battent la marche.

147. Lorsqu'il est à environ 50 pas du poste il fait remettre la baïonnette et porter l'arme au bras et ordonne au plus ancien sergent

de ramener la garde au quartier du régiment.

148. Tout sous-officier qui ne conduit pas son détachement dans le meilleur ordre et le plus grand silence, est mis en prison.

149. Les sous-officiers commandant des petits postes descendent la garde dans le même ordre et ramènent eux-mêmes leur détachement au quartier.

150. Après le départ de l'ancienne garde, le commandant de la nouvelle lui fait faire *demi-tour à droite*, et ensuite *haut les armes* pour les placer par division au ratelier des armes du corps-de-garde.

151. Aussitôt que la garde est rentrée, le caporal de consigne envoie chercher par les soldats de la garde le bois et les chandelles qui doivent être fournis pour les corps-de-garde; les soldats doivent

tirer entr'eux pour cette corvée qui est faite en bonnets et dans la tenue fixée pour la garde du jour; en conservant la giberne pour marque de service.

152. Le commandant d'une garde ne peut donner à boire et à manger dans son poste, à qui que ce soit, qu'à ceux qui sont de garde avec lui.

Il est pareillement défendu à tout commandant d'une garde de jouer dans son poste, ou d'y laisser jouer.

153. Tout officier et sous-officier commandant un poste doit veiller, pendant la durée de sa garde, sur les soldats de son poste pour leur faire remplir tous leurs devoirs; il doit se promener souvent en dehors de son poste pour voir ce qui s'y passe.

Il fait faire l'appel de la garde toutes les fois qu'on relève les sentinelles, et plus souvent s'il le juge à propos.

154. Il fait sortir, aussi souvent qu'il le juge nécessaire, sa garde avec armes ou sans armes, pour habituer les soldats à se former promptement ; et punit les plus paresseux.

155. Il contient sa garde, toutes les fois qu'elle est sous les armes, dans le plus grand ordre et le plus grand silence.

156. Il ne permet à aucun soldat de s'écarter, et lesdits soldats doivent se faire apporter à manger par leurs camarades.

157. Les soldats qui méritent d'être punis, sont condamnés, pour les fautes ordinaires, à faire les corvées de la garde ; et, dans les cas graves, le commandant du poste les fait arrêter, et en rend compte au commandant de la place.

Nul soldat, étant de garde, ne peut être arrêté sans la participation du commandant du poste.

158. Les sentinelles doivent être relevées de deux heures en deux heures.

Pendant les fortes gelées elles seront relevées d'heure en heure, mais le major de la place doit en avertir à l'ordre.

Avant que les sentinelles partent d'un poste, le caporal de pose doit les présenter au commandant du poste qui s'assure si leurs armes sont bien amorcées et garnies de pierres bien ajustées.

159. Le caporal de pose, en allant relever, porte l'arme au bras droit ; les sentinelles le suivent l'arme au bras, s'il y a moins de 4 hommes il les place sur un rang, et sur deux s'il y en a davantage.

160. Le caporal de pose doit commencer par la sentinelle de devant les armes qui seule n'est pas tenue de le suivre après avoir été relevée.

Il va ensuite relever les sentinelles

les plus éloignées, qui, après l'avoir
été, le suivent dans l'ordre prescrit
ci-dessus.

161. Les sentinelles en se relevant
se présentent les armes l'une à l'autre, au commandement qui leur en
est fait par le caporal de pose ; elles
se donnent la consigne en présence
du caporal, qui s'avance seul pour
l'entendre donner ; les autres sentinelles doivent s'arrêter à six pas
derrière le caporal.

162. La consigne étant donnée
le caporal de pose fait porter les
armes et va rejoindre les autres
sentinelles pour continuer la pose,
si elle n'est pas finie, ou pour
retourner au poste en cas qu'elle
le soit.

163. Le caporal de pose doit
examiner en posant les sentinelles
si dans les guérites ou à côté il n'y a
pas été mis de pierres pour s'asseoir,
ou si les fenêtres de guérites ne sont

pas bouchées; auquel cas il fait ôter les pierres et déboucher les fenêtres, et rend compte au commandant du poste qui punit la sentinelle trouvée en faute.

164. Le caporal de pose doit toujours rendre compte en arrivant de sa pose, au commandant du poste, et lui présenter les anciennes sentinelles

165. Les sentinelles ne doivent jamais se laisser relever ou donner de nouvelle consigne que par les caporaux de leur poste.

166. Les sentinelles doivent toujours avoir la baïonnette au bout du fusil.

167. Les sentinelles ne doivent jamais quitter leurs armes lorsque elles sont en faction, pas même dans leur guérite, elles ne doivent ni s'asseoir, lire, chanter, siffler ou parler à personne sans nécessité; elles ne doivent pas en se promenant

s'écarter de leur poste à plus de trente pas.

168. Lorsque la sentinelle d'un poste a arrêté une ronde ou patrouille le caporal sort du corps-de-garde, se fait éclairer par un soldat, s'avance à la sentinelle qui est devant les armes, et crie *qui vive?* Lorsqu'on lui a répondu et qu'il a reconnu la ronde, ou patrouille, il crie, *avance qui a l'ordre*, présente les armes pour se mettre en défense contre qui s'avance et en reçoit le mot, si c'est celui qui a été donné à l'ordre de la place il laisse passer.

169. Dès que la sentinelle de l'avancée découvre une troupe elle doit appeler la garde qui prend les armes sur-le-champ et ferme la première barrière.

170. Lorsque cette troupe est à environ trois cents pas du glacis ou de la barrière, le commandant du poste l'envoie reconnaître par quatre

fusiliers et un sous-officier lequel doit s'avancer jusqu'à trente pas en avant des sentinelles ; et lorsque la troupe qu'il veut connaître est à portée de l'entendre il fait faire *haut les armes* à ses soldats et crie *qui vive ?* lui ayant été répondu *france*, il demande *de quel régiment* , et, quelque réponse qui lui ait été faite, il crie *halte-là*. Si après l'avoir répété une troisième fois, la troupe avançait toujours il fera faire feu sur elle, et se retirera derrière la première barrière qu'il fermera, et il tiendra ferme ; pendant ce temps-là, l'officier de garde doit faire lever promptement les ponts et détache la moitié de sa garde sur le rempart, pour faire feu et protéger son avancée.

171. Si au contraire la troupe s'arrête, le sous-officier s'avance seul pour la reconnaître encore de plus près, ne devant se fier à

cet égard ni à l'uniforme, ni aux marques distinctives; il mène le commandant de cette troupe au commandant de son poste et ne laisse entrer ladite troupe qu'après en avoir reçu l'ordre du commandant de la place. Le commandant du poste tient sa garde sous les armes jusqu'à ce que la troupe soit passée.

172. Avant de laisser entrer aucune voiture, la sentinelle de la barrière crie *arrête là-bas;* ce qui doit être répété de sentinelle en sentinelle jusqu'à celle de la porte de la place; cette dernière doit alors empêcher toute voiture de sortir; et s'il n'y en a point entre les portes elle crie *marche,* ce qui doit être répété de sentinelle en sentinelle jusqu'à l'avancée qui fera défiler les voitures de distance en distance, de manière que tous les ponts ne soient point embarrassés en même temps, et que

l'on en puisse toujours lever un en cas de besoin.

173. Si quelque charriot venait à casser sur le pont le commandant du poste doit faire lever aussitôt les autres ponts, et prendre les armes à sa garde jusqu'à ce que ledit charriot ait été retiré.

174. Les sentinelles ne souffrent point qu'aucune voiture s'arrête entre les ponts ni sur les ponts-levis; elles empêchent aussi de trotter ou galopper sur les ponts-levis.

Pendant que les voitures du dehors entrent, la sentinelle de la porte doit faire ranger celles qui se présentent pour sortir de manière qu'elles n'embarrassent point le passage.

175. Les commandans des gardes aux portes et aux avancées se conduiront pour l'ouverture et la fermeture des portes comme il est prescrit aux art. 190, 191 et suivans.

176. La garde d'infanterie de la place est spécialement chargée de la police de la place ; on doit en conséquence renvoyer à son poste tous les étrangers, gens sans aveu, et les soldats ou habitans faisant du désordre.

177. Dès que les portes sont fermées les caporaux doivent poser les sentinelles d'augmentation pour la nuit, dans les postes qui leur auront été indiqués.

Ils doivent les instruire avec exactitude de ce qu'ils auront à faire et visiter les autres sentinelles pour leur faire répéter leur consigne.

178. Les commandans des postes de l'intérieur de la place doivent envoyer immédiatement après la fermeture des postes, sur la place d'armes, un sous-officier de leur garde, pour prendre le mot au cercle où il se placera suivant le rang de son régiment.

179. Si le poste est commandé par un sous-officier, c'est le caporal qui ira à l'ordre, et s'il est commandé par un caporal, ce sera un appointé ou un grenadier.

180. Les postes extérieurs reçoivent le mot d'un officier de la place avant la fermeture des portes.

181. Ceux qui sont éloignés doivent envoyer à l'avancée de la porte la plus voisine de leur poste un sous-officier pour le recevoir dudit officier de place.

182. Tous les commandans des postes, doivent redoubler de vigilance pendant la nuit, pour que les postes patrouilles et factions soient faits avec exactitude.

183. Aussitôt que les portes sont ouvertes, les caporaux retirent les sentinelles d'augmentation qu'ils ont posées pendant la nuit, et font nettoyer et balayer le corps-de-garde, le dessous des portes, les ponts

et les environs de leurs postes ; ces corvées seront faites par les soldats qui tirent au sort à cet égard.

184. A neuf heures du matin, les caporaux de consigne de tous les postes portent chez le major de la place les registres et les boîtes des rondes et patrouilles, avec le rapport par écrit, signé du commandant du poste, de tout ce qui aura pu y arriver pendant la nuit ou à l'ouverture des portes.

Quand lesdits boîtes et registres sont vérifiés par ledit major, les caporaux de consigne les portent au corps-de-garde de la place d'armes, les remettent au caporal de consigne de cette garde, et retournent sur-le-champ à leurs postes.

185. Une heure avant que les gardes défilent de la place d'armes, tous les postes envoient sur ladite place un soldat d'ordonnance pour

conduire le nouveau détachement qui devra relever son poste. A la parade, ces ordonnances seront placées à 20 pas des gardes en face du détachement que chacune d'elles devra conduire.

186. En cas d'alarme, toutes les gardes prennent les armes ; si c'est pendant le jour, les officiers ou sous-officiers de garde aux portes font fermer sur-le-champ les barrières et lever les ponts-levis de l'avancée et en donnent avis au commandant de la place.

Toutes les gardes se conforment au surplus, suivant l'espèce de l'alarme, aux consignes particulières qui ont été données à leurs postes.

187. En cas d'incendie, le commandant du premier poste où l'on s'en aperçoit, envoie sur-le-champ un caporal et deux soldats voir si le feu est dangereux ; et s'il paraît tel au caporal il l'envoie dire sur-

le-champ au commandant du poste qui envoie un autre caporal et six hommes, et davantage suivant la force de son poste, pour empêcher le désordre et faciliter les premiers secours ; ils n'en laissent approcher que ceux qui portent des sceaux, des pompes des échelles, des crocs ou autres instrumens pour éteindre le feu.

Le commandant du poste fait avertir en même temps le major et le commandant de la place ; il en fait également avertir le commandant de la garde de la place d'armes, qui y envoie sur-le-champ un détachement plus ou moins considérable, suivant la force de son poste, pour le joindre à celui de l'autre garde qui y est déjà. Lorsqu'il arrive des détachemens de la garnison, ceux des gardes doivent retourner à leurs postes.

188. Lors des processions, la

moitié des gardes se tient sous les armes alternativement.

189. Les jours de foire et de marché, la moitié des gardes se tient aussi alternativement sous les armes, et chacune d'elles fait des patrouilles continuelles dans les rues voisines de son poste.

De la fermeture des portes.

190. Une heure avant la fermeture des portes, le tambour de la garde monte sur le parapet pour y battre la retraite.

191. Une demi-heure avant la fermeture des portes, deux soldats de chacune des gardes aux portes, et les portiers, vont chercher les clefs chez le commandant de la place.

192. En même temps qu'on va chercher les clefs, le commandant de la garde de l'avancée, détache un sous-officier et quatre fusiliers pour se placer à la première barrière

avec ordre d'examiner encore plus soigneusement que dans le reste du jour les personnes qui pourraient s'y présenter; si le poste de l'avancée n'est pas assez considérable pour fournir ce petit détachement, ce sera la garde de la porte qui le fournira.

193. Les clefs arrivant aux portes, le commandant fait prendre les armes à sa garde, et attend pour fermer les portes, l'arrivée du major de la place.

Lorsqu'il est arrivé, le commandant poste sa garde près de la porte, la partage en double haie, fait présenter les armes et fait avancer deux fusiliers jusque sur le pont-levis.

Il donne ensuite au major de place deux autres fusiliers pour l'escorte des clefs

194. Le caporal de consigne doit éclairer avec un falot celui qui ferme les portes.

195. Il est détaché de la garde de la porte ou des avancées, des soldats avec leurs armes en bandoulière pour aider aux manœuvres nécessaires, et ces soldats rentrent avec le major de place.

Les commandans des gardes à qui les portes sont confiées, doivent s'assurer à mesure qu'on les ferme, que les verroux, serrures et cadenas sont effectivement bien fermés.

196. Pendant tout le temps que dure la fermeture des portes, le tambour bat *aux champs*, sur le parapet du rempart.

197. Les portes étant fermées, les clefs sont reportées chez le commandant de la place, dans le même ordre qu'on les a été chercher.

De l'ordre et du mot.

198. Le mot d'ordre se donne le soir après la fermeture des portes.

Le major de la place se rend sur

la place d'armes, et là, il ordonne au tambour de la garde de battre à *l'ordre.*

A cette batterie, les sous-officiers, caporaux et soldats de garde, envoyés pour prendre le mot, forment le cercle.

Lorsque ce cercle est formé, le commandant de la garde de la place d'armes envoie un caporal et six fusiliers, qui se placent à quatre pas en arrière du cercle, face en dehors et présentent les armes.

Le major de la place entre alors dans le cercle, précédé du caporal de consigne de la place d'armes, qui porte un falot pour l'éclairer; le major donne le *mot* et commande ensuite *rompez le cercle*, à ce commandement tous ceux qui le formaient retournent à leurs postes porter le mot au commandant.

Le mot d'ordre doit être donné à l'oreille.

De la Retraite et des Patrouilles.

199. Le major de la place commande les patrouilles nécessaires pour parcourir les rues de la place.

Ces patrouilles sont tirées des postes, et commandées par un caporal ; elles arrêtent les personnes qui ont des débats ou querelles et les conduisent au corps-de-garde de la place.

Elles conduisent également au corps-de-garde de la place les soldats qui font du désordre, ou qui après la retraite battue se trouvent dans les rues sans être porteurs de permission.

200. Les commandans des patrouilles observent la vigilance des sentinelles postées sur leur passage, et informent sur-le-champ le commandant du poste, et le lendemain le major de la place, de toutes celles qu'ils ont trouvées en faute.

201. Lorsque les patrouilles se rencontrent, la première qui découvre l'autre crie *qui vive?* l'autre répond *patrouille* et de quel régiment; la première s'annonce ensuite, et si leur chemin est de se joindre, le sous-officier du moins ancien régiment, ou de la moins ancienne compagnie, donne le mot à l'autre.

Des Rondes.

202. Le commandant de la place règle le nombre et l'espèce de rondes.

Les officiers et sous-officiers prennent le mot du sergent du poste d'où ils doivent partir pour la commencer.

Il doit y avoir des corps-de-garde désignés où les officiers et sergens de ronde sont tenus de signer leur nom.

203. Les officiers et sergens de ronde observent, en signant sur le registre, de ne point laisser d'intervalle entre leur nom et les noms de ceux qui auront déjà signé et d'ajouter l'heure de leur ronde.

204. Les sergens de ronde doivent porter un falot qui leur est fourni avec la chandelle nécessaire par le poste où il doivent commencer leur route, et qu'ils sont tenus d'y rapporter lorsqu'elle est finie.

205. Les officiers et sergens de ronde suivent exactement le parapet des ouvrages dans lesquels ils passent. Ils examinent si les sentinelles sont bien exactes à leurs fonctions, s'il n'y en a point d'endormies et s'il n'en manque point.

Ils montent de temps en temps sur le parapet pour voir et écouter ce qui se passe dans le dehors de la place.

206. S'ils découvrent quelque

chose qui intéresse la sûreté de la place, ils en avertissent sur-le-champ les postes voisins, et se rendent de suite chez le commandant de la place pour l'en informer ; mais si ce qu'ils découvrent n'est que contre le bon ordre et la police, ils en préviennent seulement le commandant du poste le plus voisin, pour qu'il y soit remédié ; et en instruisent le lendemain, par écrit, le commandant de la place.

207. Les officiers et sergens de ronde avertissent les commandans des postes dont ils ont surpis des sentinelles en faute ou en négligence.

208. Toutes les fois que les officiers ou sous-officiers de ronde doivent donner ou recevoir le mot, ils mettent la main sur la garde de leur épée sans se découvrir.

209. Lorsque les rondes se rencontrent, la première qui découvre

l'autre crie *qui vive?* l'autre répond : *ronde*, en désignant de quelle espèce ; la première s'annonce ensuite, et, lorsqu'elles se joignent, l'officier du grade inférieur, ou si le grade est égal, l'officier ou le sergent du moins ancien régiment donnera le mot.

210. Toutes les fois que l'officier-général, gouverneur, lieutenant de Roi ou autre commandant de la place juge à propos de faire la ronde, il doit être escorté par un caporal et quatre fusiliers de la garde de la place d'armes ; et il doit avoir avec lui un soldat de la même garde portant un falot ; cette escorte est relevée successivement de poste en poste.

211. Lorsqu'en faisant cette ronde il approche d'un poste, la sentinelle crie *qui vive*, et lui ayant été répondu *ronde du commandant* ou *ronde major*, elle crie : *halte-là;*

et elle avertit ensuite le caporal en criant *caporal hors la garde, ronde de commandant* ou *ronde major*; le caporal en avertit aussitôt le commandant du poste qui fait prendre les armes à toute sa garde, et la forme en haie dans le même ordre qu'elle doit être disposée pendant le jour.

212. Le commandant du poste, après avoir fait reconnaître la ronde s'avance, à dix pas en avant de la garde, éclairé par le caporal de consigne, et escorté par quatre fusiliers qui font *haut les armes*, et marchent deux pas en arrière, il crie ensuite *avance à l'ordre*, et lorsque celui qui fait la ronde s'est approché de lui, il lui donne le mot en mettant la main sur la garde de son épée, sans se découvrir.

On en use de même pour les officiers supérieurs qui font la visite des postes pendant la nuit.

213. Lorsque le commandant du poste a donné le mot, il rend compte à l'officier-général ou autre commandant qui fait la ronde, et lui donne une nouvelle escorte, l'ancienne devant alors retourner à son poste.

214. Lorsque le major ou l'aide-major fait sa première ronde appelée *ronde major*, les commandans des postes lui donnent le mot, mais ils ne s'avancent que jusqu'à quatre pas en avant de leur garde, et ne sont accompagnés que de deux fusiliers; sans cependant pouvoir se dispenser de faire sortir leur garde, afin que ledit major ou aide-major puisse vérifier s'il ne manque personne, et si les gardes sont en règle.

Si, après la ronde major, le major ou l'aide-major de la place fait une autre ronde, elle n'est reçue que comme une simple ronde, et il donne lui-même le mot au caporal.

215. Les sergens qui commandent des postes y reçoivent les
rondes de la même manière qu'il
est prescrit ci-dessus aux officiers.

Du Service des Officiers supérieurs dans la Place.

216. Le commandant de la place
fait, s'il le juge à propos, commander des officiers supéricurs pour
faire la visite des postes.

217. Lorsqu'ils se présentent devant un corps-de-garde, le commandant du poste en fait sortir les
soldats, et les fait reposer sur les
armes et se met à leur tête pendant
que lesdits officiers supérieurs en
passent l'inspection.

DU CHAUFFAGE ET DE L'ÉCLAIRAGE DES CORPS-DE-GARDE.

Les distributions de chauffage
et d'éclairage pour les corps-de-

garde ont lieu chaque jour dans les proportions indiquées ci-après :

1° Pour un corps-de-garde composé de 13 hommes et au-dessus : pendant le premier et le dernier mois d'hiver, 1/6 de stère de bois, ou 24 kilogrammes de charbon, et 4 chandelles de 15 au kilogramme; pendant le mois de plein hiver, 1/3 de stère de bois, ou 48 kilogrammes de charbon, et 5 chandelles ; pendant les mois d'été, trois chandelles seulement.

2° Pour un corps-de-garde composé de 8 à 16 hommes, pendant le premier et le dernier mois d'hiver, 1/8 de stère de bois, ou 19 kilogrammes de charbon, et 3 chandelles ; pendant les mois de plein hiver, 1/4 de stère, ou 38 kilogrammes de charbon, et 4 chandelles; pendant les mois d'été, 2 chandelles seulement.

3° Pour un corps-de-garde de

7 hommes et au-dessous; pendant le premier et le dernier mois d'hiver, 1/10 de stère, ou 17 kilogram. de charbon, et 4 chandelles; pendant le mois de plein hiver, 1/5 de stère, ou 34 kilogrammes de charbon, et 4 chandelles; pendant les mois d'été, 2 chandelles seulement.

Nota. Le premier mois d'hiver est le mois qui précède celui où commence le chauffage d'hiver dans les casernes, et le dernier mois d'hiver commence à l'époque où le chauffage cesse pour la troupe. Les mois de plein hiver sont les mêmes que ceux pendant lesquels le chauffage d'hiver est alloué dans les casernes.

CHAPITRE VII.

SERVICE DES TROUPES EN CAMPAGNE.

De la Garde de Police, Garde du Camp et du Piquet.

218. Indépendamment des gardes et détachemens à fournir pour le

service de l'armée, il est commandé journellement dans chaque régiment, une garde de police composée de deux sergens, de quatre caporaux, de fusiliers pris par nombre égal dans les compagnies, et de deux tambours; cette garde doit être commandée par un capitaine et un lieutenant ou un sous-lieutenant.

Il est tiré de cette garde, un sergent, deux caporaux, des fusiliers à raison d'un par compagnie, et un tambour, pour la garde du camp dont il sera parlé ci-après.

219. Le service de la garde de police, ainsi que de la garde du camp, commence tous les jours à l'heure de la garde et finit le lendemain à la même heure.

Les sous-officiers et soldats de la garde de police ne peuvent, sous aucun prétexte, s'écarter de leur poste sans la permission de l'officier;

il leur est permis d'aller manger la soupe à leurs compagnies.

220. L'emplacement de la garde de police est au centre de l'intervalle qui sépare les bataillons de cháque régiment et sur l'alignement des cuisines.

La garde de police n'a ni baraque, ni faisceau, ni manteau d'armes; elle passe la nuit au bivouac, et ses armes sont posées contre une tra-verse supportée par deux fourches plantées exprès pour cet usage.

La garde de police ne rend jamais d'honneur à personne; mais elle prend les armes pour être inspectée toute les fois que le colonel du régiment ou l'officier supérieur de jour de la brigade le demande; elle se forme sur trois rangs, le capitai-ne se place à la tête, le lieutenant en serre-file, le sergent à la droite et le premier caporal à la gauche du premier rang.

221. La garde de police fournit 10 sentinelles de jour et 11 de nuit; savoir :

Trois devant le front, dont une à la droite du régiment, une à la gauche et une au centre, trois placées de même, pendant le jour, sur le derrière du régiment, à environ 50 pas en arrière des baraques des officiers supérieurs.

Une sur chaque flanc du régiment, dans l'intervalle qui le sépare du régiment voisin.

Une à la baraque du commandant du régiment; une devant les armes.

222. Les sentinelles du front empêchent qu'aucun soldat ne prenne des armes aux faisceaux, qu'en présence d'un officier de sa compagnie; celle du centre empêche que personne ne touche aux drapeaux.

Les sentinelles de la queue du camp, ainsi que celles placées sur les flancs, ne laissent sortir du camp du régiment, pendant le jour, aucun soldat ni tambour, s'il n'est conduit par un officier ou sous-officier du corps.

223. A la retraite la garde de police prend les armes, se place et se forme comme il a été dit ci-dessus.

Le sergent de police place les drapeaux, l'un à côté de l'autre, sur deux petites fourches ou chevalets qu'on plante exprès pour cet usage au centre de l'intervalle qui sépare les bataillons à une égale distance du front de bandière aux faisceaux.

La garde reste sous les armes, jusqu'à ce que l'appel du corps soit fait et les compagnies rentrées.

224. Une heure après la retraite au plus tard, le capitaine de police fait battre un roulement.

Immédiatement après ce roulement, le sergent de police va chez les vivandières, fait retirer les sous-officiers et soldats qui s'y trouvent; et s'assure ensuite que les feux des cuisines sont bien éteints.

Le caporal va en même temps avertir les sentinelles de la queue du camp de venir se placer entre les cuisines des compagnies et les baraques des lieutenans; il pose ensuite la sentinelle d'augmentation, de manière qu'il y en ait pendant la nuit trois sur le front, une sur chaque flanc du corps, et deux derrière chaque bataillon.

225. Les sentinelles du front du camp ne laissent sortir, pendant la nuit, que les hommes qui vont aux latrines, et remarquent s'ils rentrent ensuite à leur compagnie.

Les sentinelles placées sur le flanc et sur le derrière du corps ne laissent sortir, pendant la nuit, aucun sous-officier ni soldat.

226. Toutes les sentinelles du camp doivent arrêter indistincte-

ment, depuis l'heure de la retraite jusqu'à l'appel du lendemain matin, tout soldat ou cavalier d'un autre corps passant à portée d'elles, et le feront conduire à la garde.

227. S'il s'introduisait dans le camp, pendant la nuit, des gens suspects, les sentinelles doivent les arrêter et appeler la garde

228. A l'heure de la breloque du matin la garde se met en tenue convenable; le caporal envoie les sentinelles de la queue du camp prendre leurs postes de jour, et retire celles d'augmentation.

Le sergent de police prend les drapeaux au chevalet, et les plante à trois pas de distance l'un de l'autre à la place indiquée à l'article 223 ci-dessus.

229. A l'heure de l'assemblée des nouvelles gardes, l'ancienne garde de police prend les armes et se met en bataille à la place qui lui est

indiquée à l'article 220 ci-dessus, observant de laisser sur sa gauche le terrain nécessaire pour y former la nouvelle garde.

La nouvelle garde s'assemble devant le centre du régiment, où elle est inspectée par l'officier supérieur.

230. Les jours de marche, l'ancienne garde de police rentre dans les compagnies lorsque le corps s'assemble.

La nouvelle garde de police s'assemble avec ses campemens et marche à leur suite.

À son arrivée au camp, elle se met en bataille à environ trente pas en avant du centre du terrain marqué pour le camp du régiment.

231. La nouvelle garde de police reste en bataille à la place qui lui est indiquée dans l'article précédent, jusqu'à ce que le corps soit arrivé et établi dans son camp. (*Instruction du mois de février 1823.*)

De la Garde du Camp.

232. Il ne doit y avoir qu'une seule garde du camp pour chaque corps.

Celles des régimens de première ligne doivent être placées à deux cents pas en avant des faisceaux et celles de la seconde ligne, à pareille distance en arrière des baraques des officiers supérieurs ; les unes et les autres vis-à-vis le centre de l'intervalle qui sépare les bataillons de leur régiment.

La garde du camp n'a point de baraques et passe la nuit au bivouac.

Il doit y avoir à ce poste une baraque de soldats pour loger les prisonniers.

233. La garde du camp est commandée directement par un sergent qui est aux ordres des officiers de police, qui ont l'inspection de cette garde.

Les sous-officiers et soldats de la

garde du camp ne peuvent, sous aucun prétexte, s'écarter de leur poste; en conséquence on doit leur porter la soupe.

234. La garde du camp fournit de jour trois sentinelles dont deux un peu en avant du poste, vis-à-vis les ailes du corps, et la troisième devant les armes; elles empêchent qu'aucun soldat ne sorte du camp, s'il n'est conduit par un officier ou un sous-officier.

Lorsqu'il y a des prisonniers, ils sont consignés à la sentinelle de devant les armes, qui ne les perd point de vue, et ne les laisse sortir de la baraque que pour aller aux latrines; dans ce cas le sergent doit les faire escorter par un fusilier armé.

235. Les sentinelles de la garde du camp doivent arrêter tant de jour que de nuit, les gens suspects qui pourraient s'introduire dans le camp et les faire conduire à la garde; le

sergent les fait conduire ensuite au capitaine de police.

236. Dès que la garde du camp aperçoit une troupe armée elle prend les armes et reste en bataille jusqu'à ce que cette troupe soit passée et éloignée du poste.

Si la troupe marche tambour battant ou trompette sonnante, le tambour de la garde du camp doit battre aux champs.

237. La garde du camp rend les honneurs prescrits pour les divers grades, et reçoit les visites des officiers généraux et supérieurs, comme il est expliqué au titre *du service des gardes dans leurs postes.*

Elle se conforme également à tout ce qui est prescrit dans le même titre, pour relever les postes, pour les patrouilles, pour la découverte du matin, et pour arrêter et reconnaître les détachemens qui peuvent passer à portée d'elle.

238. À la retraite, la garde du

camp doit prendre les armes; le lieutenant de police en fait l'appel et l'inspecte.

Le caporal pose deux sentinelles d'augmentation vis-à-vis les ailes du régiment, et à une égale distance des sentinelles extérieures aux faisceaux.

Depuis la retraite battue jusqu'à la breloque du lendemain matin, les sentinelles de la garde du camp ne laissent sortir aucun sous-officier, ni soldat, à moins que l'officier de police ne leur en donne lui-même l'ordre.

259. Le tambour de la garde du camp bat la diane au point du jour, et se règle, pour commencer et finir cette batterie, sur le corps qui est à sa droite.

240. A l'heure de la breloque du matin, le sergent de la garde du camp fait prendre les armes à sa garde, l'inspecte et la fait mettre dans l'état de tenue convenable.

Le caporal retire en même temps les deux sentinelles d'augmentation.

241. A l'heure de l'assemblée des nouvelles gardes, l'ancienne garde prend les armes.

La nouvelle garde du camp s'assemble devant le centre du corps et se place à côté et à la gauche de la garde de police.

242. Toutes les fois que la garde du camp prend les armes, elle se forme sur un rang, le sergent à leur tête, le premier caporal en serre-file et l'autre à la droite du rang; le tambour se place sur la droite à un pas du caporal.

243. Les jours de marche, la nouvelle garde du camp doit partir avec les campemens du corps et marcher à leur tête; en sorte que lesdits campemens soient précédés de la garde du camp et suivis de la garde de police.

En arrivant au nouveau camp, et dès qu'il est marqué, la garde du camp se porte à la place qui lui a été indiquée à l'article 229 ci-dessus, et travaille aussitôt à élever un épaulement devant elle.

Le caporal pose, en arrivant à son poste, les trois sentinelles prescrites ci-dessus.

244. Lorsque le corps s'assemble, s'il y a des prisonniers à escorter, l'ancienne garde du camp se place et marche entre les deux premiers bataillons, et le sergent les fait mettre au centre de sa garde.

S'il n'y a pas de prisonniers, cette garde rentre dans les compagnies.

245. A l'arrivée du corps dans le nouveau camp, l'ancienne garde conduit les prisonniers à la nouvelle garde déjà postée ; le sergent rend la consigne qui les regarde à celui de la nouvelle garde, et ramène l'ancienne garde qui rentre dans les compagnies. (*Instruction du mois de février* 1823.)

Du Piquet.

246. Il est commandé journellement, dans chaque régiment, un
piquet composé de trois sergens,
six caporaux, soixante-douze fusiliers, à raison d'un nombre égal
par compagnie, et un tambour,
et commandé par un lieutenant ou
sous-lieutenant.

Le service de piquet commence
tous les jours à l'heure de la garde,
et finit le lendemain à la même
heure.

247. Les piquets étant destinés
à fournir tous les détachemens,
ainsi que les gardes qui pourraient
être commandées extraordinaire-
ment pendant les vingt-quatre
heures de leur service; les officiers,
sous-officiers et soldats du piquet
qui sont appelés à marcher avant
la retraite battue, sont remplacés
sur-le-champ.

Ceux qui marchent après la retraite battue ne sont pas remplacés, à moins que cela ne soit expressément ordonné.

248. Les officiers, sous-officiers et soldats du piquet étant toujours prêts à marcher, sont habillés et équipés de tout point, et ne peuvent sortir du camp du corps; les sous-officiers et soldats doivent avoir leurs sacs prêts à charger.

249. Pour pouvoir remplacer promptement les sous-officiers et soldats du piquet qui viendrait à marcher, les trois sergens, les six caporaux, les trois fusiliers par compagnie et le tambour, premiers à marcher dans chaque régiment, sont nommés à l'heure de la garde et assujettis à ne point sortir du camp jusqu'à ce qu'ils entrent de service effectif, mais sans être tenus d'être habillés et équipés; en conséquence ils ne peuvent être commandés pour aucune corvée hors du camp.

250. Les piquets ne marchent jamais sous ce nom, mais sous celui de garde ou de détachement.

Les gardes ou détachemens tirés du piquet, sont composés de sous-officiers et soldats les premiers à marcher, et doivent toujours emporter leurs havre-sacs.

251. Les piquets ne prennent jamais les armes sans un ordre positif du général en chef ou en cas d'alarme.

Ils ne rendent jamais d'honneur à personne; mais lorsqu'ils doivent paraître pour faire voir qu'ils sont en état, il se mettent en bataille sans armes.

252. Lorsque le piquet doit s'assembler pendant le jour, il en est averti par un roulement suivi de trois coups de baguette et d'un rappel fait par le tambour de la garde de police.

Lorsque le piquet doit s'assembler pendant la nuit, ce qui n'a jamais lieu qu'en cas d'alerte ou dans celui où il devra marcher en tout ou en partie; les officiers éveillent les sous-officiers, mais sans bruit ni batterie de caisse, et les sous-officiers éveillent à leur tour les soldats.

Le piquet prend de suite les armes et se met en bataille à la place indiquée à l'article suivant.

Les sous-officiers et soldats ont leurs sacs sur le dos.

253. Le faisceau du piquet sera placé au centre de l'intervalle des bataillons, sur l'alignement de ceux des compagnies.

Toutes les fois que le piquet s'assemble, soit de jour, soit de nuit, il se forme à six pas en avant de son faisceau d'armes sur trois rangs, le lieutenant à la tête, le premier sergent et le premier caporal en serre-file, le second sergent à la droite et le second caporal à la gauche du premier rang, le tambour à un pas sur la droite du second sergent.

254. A la retraite le piquet prend les armes, le lieutenant en fait faire l'appel et inspecte de nouveau les armes après quoi il le fait rentrer ; les officiers, sous-officiers et soldats de piquet vont coucher dans leurs baraques mais sans se déshabiller.

255. Les sous-officiers doivent avoir soin de se faire indiquer les baraques des soldats afin de pouvoir les rassembler promptement au besoin.

256. Lorsque le nouveau piquet s'assemble, l'ancien prend les armes ; le lieutenant en fait faire l'appel et le fait rentrer de suite dans les compagnies ; après quoi son tour est censé fait, comme s'il avait marché pour un détachement ou garde.

257. Les piquets devant toujours être prêts à prendre les armes, il est sévèrement défendu aux sous-offi-

ciers et soldats qui les composent de s'écarter ni d'entrer chez les vivandières pour boire.

258. Toutes les fois que les régimens prennent les armes pour les revues, manœuvres ou actions de guerre, les piquets doivent rentrer à leurs compagnies.

259. Les jours de marche, le piquet fait partie des nouvelles gardes de chaque corps, et l'on ne forme le nouveau piquet qu'après l'arrivée du corps dans le nouveau camp.

260. Les compagnies de grenadiers ne fournissent jamais à la garde de police, garde du camp ou piquet.

De l'ordre à observer dans les régimens pour commander le service.

261. Il n'y a pour les officiers, sous-officiers, soldats et tambours,

que deux tours de service, non compris les siéges :

    1° Le service armé.

    2° Les corvées.

Le premier tour ou service armé comprend les différentes espèces de services ci-après :

Les détachemens.

Les grandes gardes, ou gardes extérieures.

Les gardes d'honneur.

Les gardes intérieures. (y compris celles des hôpitaux, magasin etc.)

La garde de police.

Le piquet.

Ces différens services commencent tous les jours à l'heure de la garde et finissent le lendemain à la même heure, à l'exception des détachemens, dont la durée dépend des ordres du général.

Les compagnies de grenadiers ne sont jamais commandées pour ces différens services, à moins que ce ne soit expressément ordonné.

Les officiers et sous - officiers desdites compagnies ne marchent jamais qu'avec leur troupe.

262. Les officiers sous-officiers et soldats commandés pour le premier tour de service, y marchent dans l'ordre indiqué ci-dessus ; ainsi les premiers à marcher seront employés par préférence aux détachemens, jusqu'à concurrence du nombre d'officiers, sous-officiers, soldats et tambours dont ils devront être composés.

263. Les premiers à marcher après ceux-là, seront employés aux grandes gardes et ainsi de suite, jusques et y compris le piquet, lequel doit être composé des derniers à marcher de l'état du service de chaque jour.

Les jours où le corps ne fournira pas de détachement, les officiers sous-officiers et soldats premiers à marcher sont employés aux grandes gardes, s'il y en a, sinon aux gardes d'honneur par préférence aux gardes inférieures ; à celles-ci par préférence à la garde de police ; et à la garde de police par préférence au piquet.

264. Les officiers sous-officiers et soldats premiers à marcher après ceux-là sont employés dans le même ordre et ainsi de suite jusqu'aux derniers.

265. Les sous-officiers et caporaux sont commandés, pour le premier tour de service, par rang d'ancienneté, sur la totalité du bataillon.

266. Les soldats sont commandés dans chaque compagnie, pour le premier tour de service, par rang d'ancienneté, en commençant par la tête et par la queue de la compagnie en même temps, de manière que les détachemens et les gardes soient toujours composés d'anciens et de nouveaux soldats, fournis autant que faire se peut, à nombre

égal par toutes les compagnies du régiment.

267. Les tambours sont commandés par rang d'ancienneté de compagnie.

268. Les sous-officiers. caporaux et soldats qui marchent pour un des services du premier tour emportent toujours leurs sacs, à moins d'un ordre contraire.

269. Toute espèce de service non mentionné en l'article 261, sera réputé corvée,

Ainsi le second tour de service comprendra les corvées du camp ; les corvées hors du camp, armées ou non armées, et leurs escortes ; les escortes de travailleurs et de distributions, et les détachemens pour assister aux exécutions ; enfin, le service d'ordonnance.

270. Les grenadiers, ainsi que les officiers, sous-officiers, caporaux et tambours attachés à ces compagnies, lorsqu'ils sont présens aux

drapeaux, ne peuvent jamais être commandés pour d'autres corvées que celles de leur compagnie.

271. Les sergens, caporaux et soldats roulent ensemble pour le second tour de service, et y marchent par ancienneté en commençant par le moins ancien ou par la queue.

De l'ordre et du mot au Camp.

272. Lorsque l'adjudant-major de service pour la brigade veut donner l'ordre, un tambour de piquet fait trois roulemens pour y appeler, sans jamais crier *à l'ordre.*

Alors l'adjudant-major de service assemble au centre de la brigade les officiers de piquet et les sous-officiers venus pour prendre l'ordre; il le leur communique, après avoir fait l'appel des postes.

273. Il doit toujours être commandé, pour se trouver au cercle

d'ordre, une garde de police, pour empêcher que personne n'approche.

274. On n'admet jamais de soldat au cercle d'ordre; s'il manquait un sous-officier pour un poste, le chef du grand poste fera donner le mot d'ordre par son sergent ou caporal, au caporal du petit poste.

275. Les sergens-majors portent l'ordre aux officiers de leurs compagnies sans pouvoir jamais en être dispensés.

Les sergens-majors vont ensuite, ainsi que les sergens, aux baraques de leurs compagnies, expliquer aux caporaux et chefs d'escouade ce qui aura été défendu et ordonné.

Les caporaux avertissent les soldats qui doivent marcher.

276. Un sergent et un caporal de chaque piquet, de même que les sergens des gardes du camp, se trouvent au cercle pour prendre l'ordre et le mot, et le reçoivent des officiers desdits piquets.

277. On ne bat jamais à l'ordre pendant la nuit pour assembler des gardes ou détachemens, afin de ne point éveiller les troupes, et d'empêcher l'ennemi d'en avoir connaissance.

278. On ne doit jamais se servir, dans les camps, du mot *arrête* pour quelque chose que ce soit.

279. Le terme *d'alerte* est aussi interdit dans tous les postes pour y faire prendre les armes, et les officiers et sergens doivent tenir la main à ce que l'on se serve du cri *aux armes.*

Du Service des Gardes dans leurs postes dans les camps.

280. A l'arrivée d'une garde à son poste, soit qu'elle en relève une autre ou non, le commandant la dispose comme il voudrait qu'elle fût en cas d'attaque.

281. Il a soin que les soldats arrangent leurs armes près d'eux

par files en faisceaux et le long de la banquette lorsque le poste sera retranché.

Il fait travailler diligemment à retrancher son poste et à le mettre en état de défense.

282. Le commandant du poste fait placer les sentinelles ou les change s'il les trouve mal placées, observant, autant qu'il sera possible, de les placer de manière qu'elles puissent découvrir au loin, sans être elles-mêmes fort en vue ; les postant pour cela près de quelques fossés, broussailles ou arbres, derrière lesquels elles puissent se cacher. Il augmente ou diminue le nombre selon qu'il le juge à propos, et se fait rendre compte de leurs consignes.

283. Il doit reconnaître les chemins et débouchés par lesquels l'ennemi pourrait venir à lui, afin d'y mettre, s'il en est besoin, quelques petits postes en avant, qui se retireront à la nuit au gros de la troupe.

284. L'ennemi pouvant reconnaître les sentinelles fixes et échaper à leur vigilance, le commandant du poste y ajoute pendant la nuit des sentinelles volantes.

285. Il indique à chacune d'elles le chemin qu'elles devront parcourir et les points qu'elles devront éclairer.

286. Il doit se promener souvent en dehors de ses sentinelles pour s'assurer de leur vigilance et pour juger si toutes les avenues de son poste sont bien gardées.

287. Il fait reconnaître pendant le jour, les chemins que les patrouilles auront à tenir pendant la nuit, et fait faire ces reconnaissances par ceux mêmes qu'il destine à faire ces patrouilles.

288. Il règle le nombre et la disposition de ses sentinelles telles qu'elles devront l'être pendant la nuit.

289. Il doit instruire les soldats sur la manière dont ils défendront le poste en cas d'attaque.

290. Il veille à ce que les soldats se tiennent toute la nuit autour du feu, vis-à-vis leur poste, et sans dormir.

291. Il fait faire des patrouilles, pendant la nuit, en dehors de son poste; celui qui est chargé de faire la patrouille prend avec lui deux hommes à son choix et part après avoir reçu ses ordres.

292 Il observe de marcher avec le moins de bruit qu'il est possible et de faire halte de temps en temps pour écouter.

293. Quelque rencontre qu'il fasse, il ne doit jamais tirer que lorsque, étant coupé, il ne peut retourner à son poste pour l'éviter.

294. Sa tournée étant finie, il s'arrête lorsque la sentinelle du poste lui crie : *halte-là! qui vive?* et il attend qu'un caporal escorté de deux fusiliers vienne le reconnaître et recevoir de lui le mot de ralliement.

295. Dès qu'il a été reconnu, on le laisse entrer dans le poste avec ses fusiliers, et il rend compte au commandant de ce qu'il a vu et entendu.

296. Pendant que la patrouille est dehors, une partie des soldats du poste en borde le retranchement.

297. Dans les postes exposés, où il serait à craindre que le cri des sentinelles ne les fît découvrir, on leur donne, de même qu'à ceux qui font les patrouilles, un signal muet dont on sera convenu.

298. Au petit point du jour, les officiers et leurs détachemens bordent le parapet du poste, ou, à défaut de parapet, ils sont sous les armes, et y restent jusqu'à ce que la découverte ait été faite.

299. Lorsqu'il est jour, on détache un sergent et quatre fusiliers pour aller à la découverte.

300. Ce sergent va exactement dans tous les endroits qui lui sont

indiqués, et il visite tous les lieux circonvoisins où l'ennemi aurait pu s'embusquer.

301. La découverte étant faite, on relève les sentinelles d'augmentation qui auraient pu être posées pendant la nuit.

302. Toutes les gardes placées pour la sûreté du camp font reconnaître exactement les troupes et les personnes qui en approchent, soit pour entrer dans le camp, soit pour en sortir.

303. Dès que les sentinelles aperçoivent une troupe de quatre ou cinq personnes venant de leur côté, elles la font arrêter en criant *halte-là* : apprêtent leurs armes et avertissent le poste.

304. L'officier fait immédiatement prendre les armes aux soldats de son détachement et envoie reconnaître la troupe par un caporal et quatre fusiliers qui vont se placer près de la sentinelle, les armes apprêtées.

Lorsque le caporal est à portée d'être entendu il crie, *qui vive?* et après qu'il lui a été répondu *france,* il demande, *quel régiment?* et si ce sont des officiers généraux, de *quel grade?* ayant reconnu la troupe par les réponses qui lui ont été faites, il détache un fusilier pour aller rendre compte au commandant du poste; et cependant il fait faire halte à cette troupe, jusqu'à ce que le commandant lui ait envoyé ordre de laisser approcher ou passer.

305. Le commandant du poste fait rester sa garde en état jusqu'à ce que la troupe soit passée et hors de sa vue; et si ce sont des officiers généraux, il leur fait rendre les honneurs qui leur sont dus.

306. Les honneurs rendus par les différentes batteries de tambour, cessent à la retraite et ne recommencent qu'après le soleil levé.

307. Le chef de l'état-major de

l'armée a le droit de visiter les grandes gardes, et doit être reçu par les
gardes suivant son grade.

3o8. Si, pendant la nuit, il se
présentait une troupe devant un
poste pour entrer au camp, l'officier
qui la commande est obligé de venir
avec le sous-officier qui sera allé la
reconnaître, trouver le commandant du poste ; celui-ci la fait rester
à l'écart et ne la laisse pas entrer,
quoiqu'il l'ait positivement reconnue
pour être un détachement de l'armée, à moins d'un ordre par écrit du
général ou du chef de l'état-major.

3o9. Les commandans des gardes
permettent néanmoins à l'officier
qui commande cette troupe, s'il y a
des nouvelles pressées à donner au
général, d'aller chez lui ou d'y
envoyer.

3io. Les étrangers qui se présentent au camp et qui méritent *attention*, sont conduits au chef de
l'état-major de la division.

311. Les gardes ne doivent jamais laisser arriver jusqu'à leurs postes, les tambours ou trompettes venant de l'ennemi; les sentinelles les font arrêter aussitôt qu'elles les aperçoivent et avertissent sur-le-champ le commandant de la garde.

312. Celui-ci envoie son sergent recevoir les paquets dont les tambours ou trompettes pourraient être chargés, leur en donne un reçu et les fait repartir sur-le-champ, pour retourner à leur armée, sans permettre qu'ils s'arrêtent à portée de leurs postes.

Il envoie de suite les paquets au général.

313. A l'égard des déserteurs on commence par les désarmer, si le logement du chef de l'état-major se trouve trop éloigné, ou qu'il n'y ait pas de sûreté à les y conduire, on les fait garder à vue; s'ils sont en grand nombre, on ne les laisse pas approcher, mais on les fait

demeurer à quelque distance de la garde, qui les mène au camp lorsqu'elle est relevée.

On ne leur laisse vendre ni chevaux, ni aucune partie de leur équipement et armement, jusqu'à ce qu'ils aient été conduits au chef de l'état - major - général, qui en ordonnera d'après les ordres du général en chef.

314. Les gardes qui sont en avant et sur les flancs du camp n'en laissent sortir aucun soldat.

315 Les gardes postées sur les derrières du camp observent la même chose, si ce n'est qu'elles laissent passer les soldats qui ont des congés, billets d'hôpitaux, permissions, etc.

316. Les officiers et sous-officiers doivent rester assiduement à leur poste pendant tout le temps de leur garde, de manière que nul ne s'en écarte sous quelque prétexte que ce soit.

317. Toute garde postée pour la sûreté de l'armée ne peut jamais changer la position de son poste, et elle ne le quitte qu'après avoir été relevée par une autre.

318. Le commandant d'une garde ne peut refuser de se laisser relever par une autre garde sous prétexte qu'elle serait moins nombreuse que la sienne, ou commandée par un officier d'un grade inférieur au sien.

319. Mais s'il arrivait qu'une troupe se présentât à une garde pour la relever sans avoir été annoncée à l'ordre, et sans que celui qui la commande fût porteur d'un ordre signé du général ou du chef de l'état-major de la division, l'ancienne garde resterait à son poste, n'y laisserait point entrer l'autre, et la ferait tenir à quelque distance jusqu'à ce que l'ordre lui soit arrivé de se laisser relever par elle. (*Inst. du mois de février* 1823.)

Des Honneurs militaires.

320. Les officiers et soldats de piquet sortent sans armes pour les officiers-généraux qui entrent au camp dans le jour.

321. Les gardes de la tête du camp prennent les armes pour les princes, maréchaux de France, le commandant de l'armée et d'un corps d'armée ; les tambours battent aux champs.

322. Lesdites gardes de la tête du camp se mettent sous les armes et en haie pour les lieutenans-généraux et les maréchaux de camp employés ; mais les tambours ne battent pas.

323. Les postes qui sont autour de l'armée doivent rendre les mêmes honneurs.

324. On ne rend point d'honneurs après la retraite, ni avant la diane. (*Instruction du mois de février* 1823.)

DEUXIÈME PARTIE.

DES DROITS DU CAPORAL.

CHAPITRE VIII.

DE LA SOLDE.

325. La solde des caporaux et soldats d'infanterie de la garde royale et de la ligne est fixée, par jour, ainsi qu'il suit ;

Savoir :

	CAPORAUX				SOLDATS			
	de LA GARDE.		de LA LIGNE.		de LA GARDE.		de LA LIGNE.	
	d'Élite.	du Centre.	d'Élite.	du Centre.	d'Élite.	du Centre.	d'Élite.	du Centre.
1° En station avec le pain seulement, dans Paris,	1,10	0,975	0,80	0,725	0,90	0,80	0,575	0,50
hors Paris,	0,95	0,85	0,65	0,60	0,80	0,70	0,50	0,45
attachés à un dépôt de recrutement.	1,15	1,65	0,85	0,80	»	»	»	»
2° En route, avec le corps ou en détachement.	1,35	1,25	0,75	0,70	1,10	1,00	0,60	0,55
en détachement conduisant des recrues et dans les cas prévus par les articles 363, 364 et 365 ci-après.	1,55	1,45	0,95	0,90	1,20	1,10	0,70	0,65
3° En campagne avec les vivres.	0,80	0,70	0,50	0,45	0,65	0,55	0,35	0,30
4° En route avec l'indemnité de 1 franc par étape, conduisant des recrues et dans les positions prévues par les articles 363, 364 et 365 ci-après.	1,00	0,90	0,70	0,65	0,75	0,65	0,45	0,40
dans toutes les autres positions.	0,80	0,70	0,50	0,45	0,65	0,55	0,35	0,30
5° En mer avec les vivres, pour ceux en activité de service.	0,80	0,70	0,50	0,45	0,65	0,55	0,35	0,30
pour ceux congédiés.	0,15	0,15	0,15	0,15	0,15	0,15	0,15	0,15
6° En congé, en semestre ou en permission,	0,40	0,35	0,25	0,225	0,325	0,275	0,175	0,15
7° À l'hôpital.	0,15	0,15	0,10	0,10	0,15	0,15	0,10	0,10

La solde des sous-officiers d'infanterie de la garde royale et de la ligne est fixée, par jour, ainsi qu'il suit;

Savoir :

| | SERGENS-MAJORS | | | | SERGENS ET FOURRIERS | | | |
| | de LA GARDE. | | de LA LIGNE. | | de LA GARDE. | | de LA LIGNE. | |
	d'Élite.	du Centre.	d'Élite.	du Centre.	d'Élite.	du Centre.	d'Élite.	du Centre.
1° En station avec le pain seulement, dans Paris	1,665	1,570	1,54	1,170	1,418	1,228	1,058	0,918
hors Paris	1,425	1,55	1,00	0,95	1,23	1,08	0,87	0,77
attachés à un dépôt de recrutement	»	»	»	»	1,63	1,48	1,27	1,17
2° En route, avec le corps ou en détachement	1,925	1,85	1,25	1,20	1,73	1,58	1,07	0,97
en détachement conduisant des recrues et dans les cas prévus par les articles 363, 364 et 365 du Titre premier	2,185	2,11	1,65	1,60	1,99	1,84	1,55	1,23
3° En campagne avec les vivres	1,275	1,20	0,85	0,80	1,08	0,93	0,72	0,62
4° En route avec l'indemnité de 1 franc par étape, conduisant des recrues et dans les cas prévus par les articles 363, 364 et 365 du Titre premier	1,535	1,46	1,11	1,06	1,34	1,19	0,98	0,88
dans toutes les autres positions	1,275	1,20	0,85	0,80	1,08	0,93	0,72	0,62
5° En mer avec les vivres, pour ceux en activité de service	1,275	1,20	0,85	0,80	1,08	0,93	0,72	0,62
porteurs de leurs congés	0,20	0,20	0,20	0,20	0,20	0,20	0,20	0,20
6° En congé, en semestre ou en permission	0,637	0,60	0,425	0,40	0,54	0,465	0,56	0,51
7° A l'hôpital	0,15	0,15	0,10	0,10	0,10	0,10	0,10	0,10

326. Dans toutes les positions où les sous-officiers, caporaux et soldats reçoivent une solde quelconque, excepté ceux qui rentrent des colonies, porteurs de congés *de libération, de réforme* ou *de renvoi*, ils supportent une retenue par jour, fixée, pour ceux de la garde royale, à 15 *centimes*, et pour ceux de la ligne, à 10 *centimes*.

Cette retenue est versée à leur masse de linge et chaussure, et le décompte leur en est fait conformément à l'article 373.

Des congés et permissions.

327. La durée des congés et permissions comprend le temps de l'aller et du retour, à l'exception de ceux qui embarquent pour lesquels le congé ne comprend point le temps de la traversée.

328. Pour ces derniers, le congé ne commence à courir que du jour de leur débarquement dans un port de France, et ils doivent être rentrés dans ce même port de France, ou dans tout autre qui leur aurait été désigné pour leur réembarquement, au plus tard le jour de l'expiration de leur congé, sauf le cas prévu par l'article 334, sous peine d'être privés du rappel de leur solde pendant tout le temps de leur absence.

329. Il y a trois espèces de congés : les congés de semestre ; les congés de convalescence ; et les congés de faveur ou pour affaires personnelles.

Les permissions ne peuvent excéder le terme de huit jours.

Les congés délivrés par les lieutenans-généraux hors le temps des semestres, sont toujours sans solde, à l'exception de ceux qui sont délivrés à titre de convalescence. Pour ces derniers, les lieutenans-généraux ont la faculté d'en accorder pour un délai qui ne peut excéder six mois. Ils peuvent accorder d'abord un premier congé de convalescence pour trois mois, et ensuite, si le cas l'exige, une prolongation de trois autres mois ; ces congé et prolongation de congé sont toujours avec solde.

La saison des semestres commence le premier octobre et finit le premier avril de chaque année. Il n'y a d'exception qu'en faveur des corps de la garde royale et ceux de la ligne dont l'inspection n'a pu être terminée le premier octobre.

33o. Les congés de faveur ne peuvent être avec solde à moins d'une décision spéciale du ministre de la guerre.

331. Les prolongations de permission, congé de semestre et de faveur, sont toujours sans solde.

332. Le militaire qui obtient un congé quelconque, est tenu de prendre une feuille de route pour se rendre au lieu où il va en congé : il doit aussi au moment où il quitte sa résidence pour retourner à son corps, réclamer une nouvelle feuille de route au maire de sa commune lorsqu'il n'y a pas de sous-intendant militaire ; le maire doit lui délivrer un sauf-conduit qui n'est valable que jusqu'à la résidence du premier sous-intendant militaire qu'il doit rencontrer sur sa route, et là il doit présenter, au visa de ce sous-intendant, sa nouvelle feuille de route. L'omission d'une de ces formalités

entraîne la privation du rappel de solde pendant tout le temps de l'absence. (*Ordonnances des 19 mars et 24 septembre 1823.*)

333. Toutes les feuilles de route, sauf-conduits, billets de sortie des hôpitaux qui ont pu être délivrés à un militaire pendant sa route, tant pour aller que pour revenir de congé, doivent être soigneusement conservés et rapportés; la perte d'une seule pièce entraîne également la privation du rappel de solde.

334. Le militaire qui ne rentre pas à son corps, le jour de l'expiration de son congé, à moins que son retard n'ait été causé par maladie, et qui ne rapporte pas un certificat de bonne conduite, est également privé du rappel de sa demi-solde pendant tout le temps de son absence.

335. Le cas de maladie doit être

constaté par des billets de sortie d'hôpitaux en bonne forme, ou, s'ils n'ont pu se faire traiter dans un hôpital, par des certificats du médecin ou chirurgien de l'hôpital militaire, et à son défaut, de ceux des hospices civils du chef-lieu d'arrondissement indiquant la nature de leur maladie, et le temps qu'a exigé leur traitement.

Ces certificats doivent être soumis au visa motivé du sous-intendant militaire, ou de l'officier général de l'arrondissement.

336. Tout militaire rentrant de congé est tenu de se présenter chez le sous-intendant militaire, ou celui qui en remplit les fonctions, pour faire constater par un visa, sur sa feuille de route, la date de son retour à son corps ou à son poste. (*Ordonnance du 19 mars 1823.*)

337. Les militaires allant en congé n'ont point droit à l'indemnité de

route; il n'y a d'exception à cette règle qu'en faveur de ceux venant des colonies et porteurs de congés de convalescence. (*Ordonnances des 19 mars et 24 septembre 1823, et Instruction du 28 août 1825.*)

De la Solde d'hôpital.

358. Lorsqu'un militaire sortant de l'hôpital externe est de retour à son corps ou à son poste, s'il est rentré dans les délais prescrits par sa feuille de route, il est rappelé, sur la présentation de son billet de sortie, de la solde d'hôpital pendant tout le temps qu'il y a séjourné, telle qu'elle est fixée par le septième alinéa de l'article 325.

Il est rappelé en outre de sa solde tant pour l'aller que pour le retour, sur le pied déterminé par le troisième alinéa de l'article 325.

339. Tout militaire sortant de

l'hôpital externe doit prendre sa feuille de route le jour de sa sortie, sous peine d'être privé de son rappel de solde pendant tout le temps de son absence. *(Ordonnance du 19 mars 1823.)*

Solde en détention ou en jugement.

340. Les sous-officiers et soldats ne reçoivent aucune solde pendant le temps de leur détention, mais s'ils sont acquittés, ils sont rappelés à leur retour au corps, de la solde de semestre pendant tout le temps de leur absence. S'ils sont condamnés ils n'ont droit à aucun rappel.

341. Ceux qui sont détenus ou en jugement pour cause de désertion, n'ont droit à aucune solde lors même qu'ils seraient acquittés. *(Ordonnance du 19 mars 1823.)*

Solde de Captivité.

342. Les sous-officiers et soldats rentrant des prisons de l'ennemi ont droit à deux mois de solde à titre de secours, s'ils sont restés deux mois au pouvoir de l'ennemi; s'ils n'y sont pas restés deux mois ils sont payés de leur solde pendant tout le temps de leur captivité.

La solde dans cette position doit leur être payée sur le pied déterminé par le troisième alinéa de l'article 525 ci-dessus. (*Ordonnance du* 19 *mars* 1823.)

343. Les sous-officiers et soldats venant des prisons de l'ennemi rentrent en solde à compter du jour de leur arrivée en France, s'ils sont en nombre suffisant pour former détachement; dans le cas contraire ils n'ont droit qu'à l'indemnité de route jusqu'au jour inclus de leur retour au corps.

Positions entraînant privation de solde pour les militaires congédiés réformés etc.

344. Les sous-officiers et soldats qui sont réformés, congédiés pensionnés, ou qui passent aux invalides, pendant qu'ils sont en congé limité ou aux hôpitaux n'ont droit à aucun rappel de solde depuis le jour qu'ils ont quitté le corps. (*Ordonnance du 19 mars 1825.*)

CHAPITRE IX.

Des Hautes-Paies.

345 Il est accordé des hautes-paies aux anciens sous-officiers et soldats; elles sont désignées sous les noms de haute-paie de

Premier chevron.
Deuxième chevron.
Troisième chevron.

346. Les chevrons et les hautes-paies qui y sont attachées sont acquis aux sous-officiers et soldats ; savoir :

Le chevron à huit ans.

Le double chevron à 12 ans.

Le triple chevron à 16 ans.

347 Pour déterminer les droits des sous-officiers et soldats à la haute-paie, le temps fait par les hommes appelés ou par leurs remplaçans, doit être calculé à partir du premier janvier de l'année où ils ont été immatriculés comme jeunes soldats

348. Celui des enrôlés volontaires compte du jour de leur engagement, à moins qu'ils n'aient pas rejoint dans les délais auquel cas ils ne comptent que du lendemain de leur arrivée au corps.

349. Les remplaçans sont exclus du droit à la haute-paie pendant tout le tems qu'ils servent comme remplaçans ; mais s'ils se rengagent

pour leur propre compte, ils sont admis, après avoir fait le temps spécifié dans l'acte de remplacement, à faire valoir leurs services antérieurs à quelque titre que ce soit.

Dans aucun cas les remplaçans au corps ne peuvent faire valoir les services déjà faits par le militaire dont ils viennent de prendre la place sous les drapeaux.

350. Dans le décompte des services donnant droit à la haute-paie on ne doit point comprendre le temps des absences illégales.

351. Le temps passé en état de détention ne compte pas non plus pour les chevrons.

352. Le temps de service pour les retardataires ne compte pour les droits à la haute-paie que du jour de leur incorporation.

(*Ordonnance du* 19 *mars* 1823.)

353. La haute-paie attribuée aux différentes classes de chevrons, se divise en deux portions.

L'une est acquittable avec la solde journalière, mais à terme échu, l'autre est payable à l'avance au moment du rengagement, aux sous-officiers et caporaux; quant aux soldats, ils ne la touchent qu'après la revue d'inspection qui précède immédiatement le jour où la durée du rengagement souscrit doit commencer. *Circulaire du 19 décembre 1823.*)

354. Toutefois, le soldat rengagé par anticipation, qui devient caporal avant d'être arrivé au terme de son premier service, doit recevoir la portion de la haute-paie acquittable à l'avance au moment de sa promotion, (*Décis. du 19 février 1827.*)

355. La haute-paie journalière, ou portion de la haute-paie acquit-

table avec la solde, est décomptée pour chacun des jours dont se compose le mois; le militaire en conserve la jouissance dans toutes les positions qui lui donnent droit à une solde d'activité quelconque, et même lorsqu'il est en congé limité sans solde. (*Ordonnance du 19 mars 1823.*)

356. Cette position dépend uniquement de la durée du service déjà fourni.

En conséquence, tout sous-officier et soldat engagé primitivement pour huit ans, avant la loi du 9 juin 1824, a droit, s'il se rengage, à la haute-paie du demi-chevron, dès l'accomplissement de sa sixième année de service; et, s'il ne se rengage pas, à partir seulement du premier janvier de l'année suivante. Le demi-chevron étant supprimé pour les hommes engagés depuis la loi du 9 juin 1824, ces hommes auront droit au chevron entier à l'expiration de leur huitième année. (*Ordon. du* 1ᵉʳ *décembre* 1824.)

357. Les sous-officiers et soldats jouissant de la haute-paie journalière, et qui sont faits prisonniers de guerre, sont, à leur retour en France, rappelés de cette haute-paie, sans progression de classe, pour tout le temps de leur captivité; mais ils n'en sont payés qu'à leur retour au corps. (*Articles* 139 *et* 380 *de l'ordonnance du* 19 *mars* 1823.)

358. Lorsqu'un sous-officier de la ligne se rengage pour la garde royale, où il n'est admis que comme simple soldat, il reçoit la haute-paie acquittable à l'avance, sur le pied fixé pour son grade de sous-officier dans son ancien corps. (*N°* 1498 *du manuel de recrutement.*)

359. Les rengagemens sont de deux et quatre ans et non de un et trois ans; on ne peut recevoir un

premier rengagement, si l'homme n'a déjà deux ans d'activité; un second, s'il n'a accompli la moitié du premier, et ainsi de suite. (*N° 1448 du manuel de recrutement.*)

360. Les hommes qui comptent de 28 à 30 ans de service, ou 48 à 50 ans d'âge, ne peuvent être rengagés que pour deux ans. (*N° 1449 du manuel de recrutement.*)

361. Les avantages de la haute-paie, envers les sous-officiers et soldats, sont réglés ainsi qu'il suit. (*Ordon. du 1er décembre 1824.*)

PORTION
ACQUITTABLE AVEC LA SOLDE.

———

Rengagement de deux ans............

Rengagement de quatre ans............

PORTION DE LA HAUTE-PAIE
ACQUITTABLE A L'AVANCE.

Haute-Paie d'un demi chevron............

Haute-Paie d'un chevron............

Haute-Paie de deux chevrons............

Haute-Paie de trois chevrons............

DANS LA GARDE.		DANS LA LIGNE.	
Soldats et Caporaux.	Sous-Officiers.	Soldats et Caporaux	Sous-Officiers.
fr. c.	fr. c	fr. c.	fr. c.
22 , 00	60 , 00	37 , 00	74 , 00
44 , 00	120 , 00	74 , 00	148 , 00

INFANT. DE LIGNE.	AUTRES ARMES.
Par jour.	*Par jour.*
0 , 05	0 , 08
0 , 08	0 , 12
0 , 10	0 , 15
0 , 10	0 , 15

CHAPITRE X.

Supplément de solde aux militaires employés pour le service du recrutement.

362. Les sergens attachés aux dépôts de recrutement ont droit à un supplément de solde fixé par jour à 40 centimes. (*Décision royale du 26 octobre 1828.*)

363. Les sergens et les caporaux qui sont détachés de leurs corps pour le service du recrutement et pour la conduite des hommes de nouvelle levée ont droit à un supplément fixé à *vingt-six centimes* par jour pour les sergens et à *vingt centimes* pour les caporaux. (*Article 161 de l'Ordonnance du 19 mars 1823.*)

364. Pareil supplément est accordé à ceux qui conduisent des détachemens de jeunes soldats dirigés du dépôt sur les bataillons de guerre

de leurs corps respectifs pour en compléter les cadres. (*Décision du 19 décembre* 1825.)

365. Ont droit au même supplément ceux qui sont tirés des dépôts de leurs corps pour accompagner des détachemens aux bataillons expéditionnaires stationnés dans les colonies; le supplément est dû à ceux-ci à compter du jour de leur départ du dépôt, et pendant toute la durée de leur absence, comprenant l'aller et le retour, sauf le cas prévu par l'article 368.

Ils cessent toutefois d'y avoir droit dès leur arrivée dans la colonie, s'ils y étaient retenus, soit pour cause de promotion ou pour tout autre motif qui pourrait faire ajourner indéfiniment leur rentrée dans l'intérieur.

Les mêmes, revenant des colonies pour ramener en france des militaires libérés ou autres, et qui devront y retourner immédiatement après l'accomplissement de leur mission. (*Décision du* 18 *février* 1828.)

366. Les sergens et caporaux attachés aux dépôts de recrutement ne jouissent du supplément qui leur est accordé par le présent article, que du lendemain de leur arrivée dans ces dépôts. (*Article* 6 *de l'Ordonnance du* 9 *mai* 1821.)

367 Ceux qui sont dans les positions déterminées par les articles 363, 364 et 365 ci-dessus, ont droit au supplément de solde pendant tout le temps de leur absence du corps, sauf le cas de restriction qui suit. (*Lettre ministérielle du* 5 *mai* 1829.)

368. Tout officier, sous-officier ou soldat marchant dans l'un des cas prévus par les articles 363, 364 et 365 ci-dessus, qui, pendant sa route, entre à l'hôpital, cesse dès

lors d'avoir droit au supplément, et doit être traité comme tout autre militaire en activité entrant à l'hôpital externe. (*Article* 162 *de l'Ordonnance du* 19 *mars* 1825.)

CHAPITRE XI.

De la première mise de petit équipement et de la masse de linge et chaussure.

369. Chaque nouveau soldat a droit à une première mise de petit équipement fixée à 59^f 85^c pour l'infanterie de la garde royale et à 4o francs pour l'infanterie de la ligne.

370. La masse de linge et chaussure est instituée à l'effet de pourvoir, pour le compte individuel de chaque homme, à l'achat à l'entretien et au renouvellement de ses effets de petit équipement et de

petite monture ; aux réparations d'effets d'habillement, d'équipement et d'armement, lorsqu'elles sont mises à sa charge.

371. Le complet de la masse de chaque homme est fixé,

Pour les sergens { de la garde, à 5o fr.
{ de la ligne, 4o

Pour les caporaux { de la garde, 4o
et soldats { de la ligne, 5o

372. A l'expiration de chaque trimestre, les commandans de compagnie doivent régler en présence des hommes, la situation de leur fond de masse, et arrêter leur livret.

373. Celui dont le sac est garni de tous les effets détaillés ci-après, article 375, doit recevoir, dans les dix premiers jours du mois qui suit le trimestre expiré, le montant de l'excédant de sa masse.

374. Les hommes rentrant après

une absence, de quelque nature qu'elle soit, qui ne rapportent pas leur feuille de route, ne reçoivent leur excédant de masse qu'après un délai qui ne peut excéder six mois. (*Ordonnance du 19 mars 1823.*)

Des Effets de petit Équipement et de petite Monture.

375. Chaque sous-officier ou soldat doit être pourvu des effets de petit équipement et de petite monture dont le détail suit;

Savoir:

Petit Équipement.

Trois chemises;
Deux paires de souliers;
Une paire de demi-guêtres noires;
Deux paires de demi-guêtres blanches;
Deux cols noirs;
Un havre-sac;
Un étui d'habit;
Une épinglette;

Un caleçon ;

Une paire de bretelles de pantalon.

Un couvre-giberne ;

Un couvre-schakos ;

Un serre-tête ;

Un tourne-vis ;

Petite Monture.

Deux mouchoirs de poche ;

Une brosse d'habit ;

Un martinet ;

Une brosse double pour souliers,

Une boîte à graisse ;

Une fiole à l'huile ;

Deux plombs de pierre à feu ;

Une patience ;

Une brosse à boutons ;

Un peigne à décrasser ;

Une alène emmanchée ;

Une trousse garnie de
- une paire de ciseaux ;
- un dé à coudre ;
- trois aiguilles ;
- une pelotte de fil blanc ;
- une pelotte de fil noir ;

Un tampon de fusil ;
Une petite gamelle en fer-blanc.

CHAPITRE XII.

De l'Habillement.

576. Le caporal d'infanterie française, de la garde royale et de la ligne, reçoit aux fais de l'état ;

Dans la Ligne.
{
Un habit dont la durée est fixée à 3 ans.
Une capote d'une durée de 3 ans.
Une veste d'une durée de 3 ans.
Un pantalon de drap chaque année.
Un pantalon de toile chaque année.
Un schakos.
Un bonnet de police d'un durée de 2 ans.
}

Dans la Garde.

{
Une capote dont la durée est fixée à 3 ans.
Un habit de grande tenue d'une durée de 2 ans.
Un habit de petite tenue d'une durée de 2 ans.
Une veste d'une durée de 2 ans.
Deux pantalons de drap chaque année.
Un bonnet de police d'une durée de 2 ans.
Un bonnet à poil d'une durée de 6 ans.
Un pantalon blanc chaque année.
}

377. Tous les effets d'habillement dont le détail précède, qui sont perdus ou détériorés par la négligence des sous-officiers, caporaux et soldats, avant l'expiration du temps fixé pour leur durée, sont remplacés ou réparés à leurs frais.

378. Les effets fournis par l'état doivent être remplacés dans le cours du trimestre de l'expiration de la durée légale de chaque effet. (*Circulaire du 26 août 1820.*)

Toutefois, ceux dont la durée expire dans le courant du quatrième trimestre de l'année, ne sont remplacés que dans le premier trimestre de l'année suivante. (*Circulaire du 26 septembre 1826.*)

Ceux dont la durée expire dans le trimestre de la libération de l'homme ne sont point remplacés. (*Circulaire du 26 août 1826.*)

379. Les Caporaux et soldats qui changent de corps, ou qui quittent le service, doivent emporter avec eux, indépendamment de tous leurs effets de petit équipement et de petite monture, les effets d'habillement indiqués pour chaque position dans le tableau d'autre part. (*Circulaire du 13 juillet 1827.*)

DÉSIGNATION des CATÉGORIES.	Capotes.	Habits.	Vestes.	Pantal. de drap.	Pantal. de toile.	Bonnets de police.	Schakos.	Observations.
1. De quelque arme que ce soit, admis à la retraite........	»	»	»	»	»	»	»	La totalité de leur habillement.
2. Congédiés, libérés du service et réformés pour blessures ou infirmités contractées sous les drapeaux. A........	»	1	1	1	1	1	1	Dans toutes les positions où l'homme emporte son habit, il emporte également ses épaulettes et ses galons de grade. Lorsqu'il emporte le schakos, il emporte également, soit le pompon, soit l'olive.
3. Réformés pour infirmités non contractées au service. B.	(*)	»	1	1	1	1	»	
4. Passant d'un corps de la garde, dans un autre de cette même garde. B......	1	»	1	1	»	1	»	
5. Passant d'un corps de la garde, dans la ligne ou dans la gendarmerie. B.........	»	»	1	1	»	1	«	
6. Passant dans la cavalerie. B.	»	»	1	1	1	1	1	

DÉSIGNATION des CATÉGORIES.	Capotes.	Habits.	Vestes.	Pantal. de drap.	Pantal. de toile.	Bonnets de police.	Schakos.	Observations.
7. Passant aux compagnies sédentaires..............	I	»	I	I	I	I	I	(*) Il doit être délivré, pendant l'hiver, aux hommes placés dans ces catégories, une capote prise parmi celles hors de service.
8. Passant aux compagnies de discipline. B.............	»	»	I	I	I	I	I	
9. Remplacés. A............	»	I	I	I	I	I	I	
10. Allant en congé d'un an..	»	I	I	I	I	I	»	
11. Détenus mis en jugement.	(*)	»	I	I	I	I	»	
12. Allant en semestre.......	I	I	I	I	I	I	I	

A. Ils doivent emporter leurs propres effets à l'exception de ceux qui sont d'une distribution récente, c'est-à-dire. pourvu qu'ils aient atteint au moins le tiers de leur durée légale. Dans le cas contraire ils sont échangés contre d'autres qui n'ont plus qu'une année à parcourir, être retiré.

B. En été le pantalon de drap doit leur être retiré.

Nota. — Les semestriers emportent en outre, leur sabre et leur ceinturon.

CHAPITRE XIII.

Indemnité de route aux militaires marchant isolément.

380. L'indemnité de route du caporal est fixée à *un franc par étape*, au moyen de laquelle il doit pourvoir en route à sa subsistance sans pouvoir exiger de son hôte aucune distribution alimentaire.

381. Cette indemnité est payable par anticipation pour la distance existant d'une résidence de sous-intendant militaire à un autre.

382. Tout militaire marchant isolément pour se rendre à une destination quelconque, déterminée par une feuille de route, a droit à l'indemnité de route attribuée à son grade.

Toutefois elle n'est pas due :

1° Aux hommes remplacés rentrant dans leurs foyers ;

2° Aux hommes allant en semestre, en congé temporaire ou en permission (excepté ceux venant des colonies en congé de convalescence.

3° Aux hommes changeant de corps sur leur demande.

4° Aux hommes congédiés comme soutien indispensable de famille.

5° Aux hommes qui quittent leur corps en route et se prétendent égarés.

383. L'indemnité de route n'est pas due toutes les fois que la distance à parcourir n'est pas d'une journée de marche. (*Ordonnance du* 24 *septembre* 1823.)

CHAPITRE XIV.

De l'Indemnité de séjour.

384. L'indemnité de séjour remplace l'indemnité de route et a pour objet, de même que celle-ci, de

donner au militaire isolé les moyens de pourvoir à sa subsistance sans être à charge à son hôte.

385. Le taux de l'indemnité de séjour est, dans toutes les positions, le même que le taux de l'indemnité de route.

Elle est due dans toutes les positions où le militaire reçoit l'indemnité de route lorsqu'il est tenu légalement en séjour. (*Ordonnance du 24 septembre 1823.*)

CHAPITRE XV.

Des convois militaires.

386. Les militaires blessés, infirmes ou convalescens, voyageant isolément, ont droit aux moyens de transport.

387. Les moyens de transport ne sont alloués que sur l'exhibition d'un titre légal.

388. Tout militaire qui réclame des moyens de transport, est soumis à la visite d'un officier de santé désigné par le sous-intendant militaire du lieu ou par son suppléant, qui ordonne s'il y a lieu le transport.

389. Les militaires et les marins voyageant sans escorte, auxquels il est accordé une place à la voiture, peuvent être transportés sur la même voiture lorsqu'ils suivent la même route.

390. Il est fourni une voiture à un collier pour quatre hommes; deux colliers si le nombre est de cinq à sept; trois colliers de huit à neuf et quatre colliers pour dix à douze hommes.

391. Du 1er octobre au 1er avril les voitures ne peuvent être exigées du préposé avant six heures ni après huit heures du matin. et pendant les six autres mois de l'année

elle ne peuvent l'être avant quatre
heures ni après neuf heures aussi
du matin.

392. Il est expressément défendu
à tout militaire de surcharger les
voitures, de maltraiter les conduc-
teurs ; de surmener les chevaux,
ou d'injurier les fonctionnaires
publics.

393. Les militaires auxquels il est
accordé des moyens de transport,
ne peuvent s'arrêter, ni s'écarter
de la route, ni forcer les préposés
à doubler la station, ou même
accélérer leur marche.

394. Le transport est refusé au
militaire qui sans motif légitime ne
se présente pas au préposé le jour
fixé par son mandat pour l'exécution de la fourniture, et à l'heure
convenable.

395. Tout militaire qui a reçu
de l'argent en remplacement d'une
fourniture ordonnée, est privé du
transport le reste de sa route.

Il en est également privé s'il est trouvé faisant route à pied, sans être précédé ou suivi de la voiture. (*Ordonn. du* 51 *décembre* 1823.)

Des Détachemens.

396. Un détachement au-dessous de 25 hommes n'a pas droit aux convois, mais les hommes qui ne peuvent faire route à pied sont considérés comme isolés et susceptibles de recevoir des mandats individuels de convois après avoir subi la visite prescrite par l'art. 388.

397. Les sous-officiers et caporaux conduisant des jeunes soldats ou des prisonniers de guerre, sont considérés comme faisant partie des détachemens sous le rapport des convois, et il ne leur est fait aucune allocation particulière.

398. Il est alloué aux détachemens composés de

25 hommes, une voiture à 1 coll.

75 hommes, une voiture à 2 colliers;

150 à 299 hommes, une voiture à 3 colliers;

300 à 499 hommes, une voiture à 4 colliers.

399. Les détachemens dont l'effectif se trouve réduit pendant la marche continuent de recevoir l'allocation qui leur a été faite au point de départ, jusqu'à destination. (*Ordonnance du 31 décembre 1823.*)

CHAPITRE XVI.

Des Retraites et des Pensions.

400. La retraite pour ancienneté de service après 30 ans accomplis d'activité et celle accordée par suite de blessures provenant du fer ou du feu de l'ennemi, sont fixées ainsi qu'il suit :

ANCIENNETÉ.	S-Offi.	Capor	Soldat
	f. c.	f. c.	f. c.
A trente ans d'activité, campagnes non comprises...	200,00	170,00	150,00
Après 30 ans d'activité, un vingtième en sus pour chaque année au-delà de 30 ans, campagnes comprises........	10,00	8,50	7,50
Maximum à 50 ans de service, campagnes comprises	400,00	340,00	300,00
BLESSURES.			
Perte totale de 2 membres ou la vue par suite de blessures quel que soit le nombre d'années de service...........	450,00	400,00	365,00
Perte d'1 membre	200,00	170,00	150,00
Un vingtième en sus pour chaque année de service ou campagne...	10,00	8,50	7,50

Au bout de *vingt ans* de service, la solde de retraite pour un membre amputé n'est pas moindre de 342 francs pour le sergent, 274 francs pour le caporal et 228 francs pour le soldat.

401. Les services d'un militaire qui s'est rendu coupable de désertion, ne sont comptés que du jour où il sera admis à reprendre son service. Il ne pourra se prévaloir des services antérieurs à la désertion.

402. Les campagnes sont calculées dans les proportions suivantes, pour l'accroissement auquel elles doivent donner lieu, conformément aux tarifs ci-dessus.

En temps de paix chaque année d'embarquement ou campagne de mer, et chaque année de service hors d'Europe est compté pour dix-huit mois.

En temps de guerre chaque campagne de douze mois, dans quelque pays que ce soit, et pour toutes les troupes faisant partie des armées actives, est comptée pour deux années; elle n'est comptée que pour dix-huit mois aux corps d'armée employés en temps de guerre maritime à la garde des côtes du royaume en Europe; excepté aux militaires qui pendant la campagne ont été embarqués sur les flottes, ou blessés dans une attaque de la part de l'ennemi, lesquels auront droit de les compter pour deux années.

La campagne dans laquelle un militaire a été blessé et mis hors de combat, lui est comptée comme campagne entière.

La solde de retraite affectée à un grade exige au moins deux ans de service effectif dans ce grade; sinon elle se règle sur le grade immédiatement inférieur. Sont exceptés de ces dispositions ceux qui, depuis leur promotion, ont reçu par le fer ou le feu de l'ennemi des blessures assez graves pour donner lieu à la retraite avant l'expiration de deux années d'exercice.

403. Le droit à la solde de retraite se perd :

Par l'acceptation non autorisée du Roi, de pensions ou fonctions offertes par un gouvernement étranger ;

Pour les autres causes qui font perdre la qualité de français ; d'après les articles 17 et 21 du code civil ;

Enfin, par la condamnation à une peine afflictive ou infamante, jusqu'à réhabilitation.

404. Tout militaire condamné pour faits politiques et qui jouit d'une pension de retraite, peut en être privé, en tout ou en partie, pour un temps qui est déterminé par le tribunal.

depuis leur promotion, ont reçu par le fer ou le feu de l'ennemi des blessures assez graves pour donner lieu à la retraite avant l'expiration de deux années d'exercice.

403. Le droit à la solde de retraite se perd :

Par l'acceptation non autorisée du Roi, de pensions ou fonctions, offertes par un gouvernement étranger ;

Pour les autres causes qui font perdre la qualité de français ; d'après les articles 17 et 21 du code civil ;

Enfin, par la condamnation à une peine afflictive ou infamante, jusqu'à réhabilitation.

404. Tout militaire condamné pour faits politiques et qui jouit d'une pension de retraite, peut en être privé, en tout ou en partie, pour un temps qui est déterminé par le tribunal.

Un français ne peut en jouir hors du royaume s'il n'en a obtenu la permission.

405. Les militaires pensionnés, français, ou naturalisés, qui ont obtenu l'autorisation de résider en pays étranger, ne touchent que les deux tiers de leur solde de retraite pendant tout le temps de la durée de leur séjour hors du royaume.

Dispositions particulières.

406. Après six ans de service dans la garde, les militaires de tout grade qui ont droit à la retraite, par ancienneté de service, obtiennent le brevet et la pension du grade dont ils auront eu le rang pendant deux années.

407. En temps de guerre, toute retraite obtenue pour cause de blessures reçues dans un corps de la garde emporte de droit le brevet et

la pension du grade dont le militaire blessé avait le rang, quel que soit le temps pendant lequel ce militaire ait servi dans la garde, ou joui du rang supérieur à son grade effectif. (*Ordonnance du 27 août 1814.*)

—

TITRE II.

—

PARTIE SPÉCIALE.

===

DU SERGENT.

~~~~~~~~~~

CHAPITRE PREMIER,

~~~~~~~~~~

De l'Avancement.

ARTICLE PREMIER. Les sergens sont choisis parmi les caporaux et les fourriers.

2. Pour être nommé sergent il faut être âgé de vingt ans révolus ; et, en outre des conditions exigées des caporaux, au chapitre premier du titre premier page première ;

Avoir servi activement pendant deux ans au moins dans un corps de troupe, dont six mois en qualité de caporal ;

Connaître suffisamment le service intérieur de police et de discipline, le service des places et celui de campagne en ce qui concerne les fonctions de sous-officiers. (1) (*Ordonnance du* 2 *août* 1818.)

3. Les sergens sont nommés par le colonel ou le chef du corps sur la présentation qui lui est faite par le capitaine de la compagnie dans laquelle il se trouve un emploi vacant, de trois sujets pris sur le tableau d'avancement.

Ils sont suspendus ou cassés de leurs fonctions comme il est dit aux articles 113 et 114 du titre premier. (*Ordonnance du* 13 *mai* 1818.)

4. Les sergens concourent avec les sergens-majors et les adjudans pour l'obtention du grade de sous-lieutenant.

---

(1) Voir le chapitre 7 du titre premier page 42.

5. Pour obtenir le grade de sous-lieutenant, il faut avoir servi comme sous-officier pendant deux ans dans un corps de troupe. (*Article 27 de la loi du 10 mars 1818.*)

6. L'article 28 de la loi du 10 mars 1818 ayant réservé le tiers des emplois de sous-lieutenans aux sous-officiers, et laissé les deux autres tiers au choix du Roi, l'avancement a lieu ainsi qu'il suit.

Le premier tour aux sous-officiers du corps,

Le 2e et le 3e aux sujets choisis par le Roi. (*Circul. du 10 août 1819.*)

7. Lorsqu'un emploi de sous-lieutenant appartenant au tour des sous-officiers est vacant ; le colonel ou chef du corps propose au ministre de la guerre trois sujets choisis sur le tableau d'avancement du corps, l'un d'eux est nommé à la sous-lieutenance. (*Article 19 de l'Ordonnance du 2 août 1818.*)

DEUXIÈME PARTIE.

CHAPITRE II.

DES DEVOIRS DU SERGENT.

Fonctions générales, Instruction indispensable.

8. Les sergens surveillent les caporaux et les soldats en tout ce qui est relatif aux devoirs que les uns et les autres ont à remplir; ils sont responsables envers le sergent-major et l'officier de section.

Ils doivent être en état d'enseigner l'école du soldat et de commander au besoin un peloton.

Ils doivent posséder la théorie du service de place et de campagne en ce qui les concerne, connaître les réglemens et l'ordre habituel du service, de la police et de la discipline intérieure des corps, et savoir suffisamment écrire pour faire leurs rapports.

9. Leurs fonctions se divisent en celles de sergent de subdivision et celles de sergent de semaine. Ils alternent par compagnie pour le service de semaine, et roulent entr'eux dans le régiment pour celui des gardes, détachemens plantons et corvées ; sauf ceux qu'un ordre spécial exempterait pour cause d'occupations utiles et particulières.

10. L'inspection des sergens pour le service armé doit toujours être dans les chambrées, et assez tôt pour donner le temps aux soldats de faire les préparatifs et les changemens nécessaires avant celle des officiers de semaine.

Quand il s'agit de classes d'instruction et de corvées, leur inspection a lieu sur le terrain au moment du rassemblement.

Sergent de subdivision.

11. Le sergent de subdivision dirige, sous l'autorité de l'officier qui commande la section, tous les détails intérieurs des chambrées et surveille la conservation et la tenue des effets.

Il appuie les caporaux de son autorité, les habitue à commander avec fermeté et à se faire obéir.

12. Il tient un contrôle des hommes de la subdivision et des effets d'habillement, d'équipement et d'armement y existants.

13. La conservation et le remplacement des affiches et étiquettes dans les chambres, sont confiés à sa surveillance ainsi que le maintien de l'ordre établi pour l'arrangement des effets.

14. Il veille alternativement à l'emploi que les caporaux font du prêt et vérifie souvent chez les marchands les prix et qualité des achats de toute espèce.

15. Il veille avec une attention particulière à la propreté des armes et de la buffleterie.

16. Le samedi il fait battre avec un martinet toutes les pièces d'habillement et d'équipement. Il les fait étaler sur les lits pour l'inspection que l'officier de section doit en passer.

17. Il exige que le dimanche, les caporaux et les soldats changent de linge et fassent réparer celui qui a besoin de l'être, que leurs cheveux soient retaillés tous les deux mois en été et tous les trois mois en hiver; que ceux des recrues soient coupés uniformément; que les caporaux et soldats soient rasés aussi souvent qu'il est nécessaire et que

les détenus et les hommes aux hôpitaux le soient au moins une fois par semaine par le frater de la compagnie.

18. Il veillera à ce que conformément aux réglemens les draps de lit soient changés tous les 20 jours en été et tous les mois en hiver.

19. Toutes les fois que la compagnie doit s'assembler, il se rend de bonne heure dans les chambrées de sa subdivision, veille à ce qu'elle s'apprête et la réunit à l'heure prescrite ; il porte surtout son attention et appelle celle des caporaux sur les détails de tenue qui ne sont point apparens, tels que le linge de corps, la chaussure, les cols, etc.

20. C'est au quartier et verbalement qu'il fait ses rapports à l'officier de section et au sergent-major.

Il doit informer cet officier des mutations journalières, des pertes et dégradations d'effets, et des réparations à faire; ce n'est que d'après ses ordres qu'il demande les bons nécessaires au sergent-major.

21. Quand un des deux sergens est absent celui qui reste a l'inspection des deux subdivisions; le capitaine peut au besoin faire remp'acer l'absent par le plus ancien caporal de la subdivision.

Service de semaine.

22. Quand la compagnie est réunie, tous les sergens roulent entr'eux pour le service de semaine.

Lorsqu'elle occupe deux quartiers ou cantonnemens ils alternent par section pour qu'il y en ait un de semaine dans chacune d'elle.

23. Le sergent de semaine est particulièrement aux ordres de l'officier de semaine et concourt sous l'autorité de ce dernier à l'exécution des détails de police et de discipline;

il lui fait des rapports verbaux ainsi qu'au sergent-major qu'il aide et supplée dans le service journalier.

24. Il assiste à tous les appels, il les fait lorsque le sergent-major ne s'y trouve pas.

25. Il fait rassembler par le caporal de semaine tous les hommes commandés pour les différentes classes d'instruction et en passe l'inspection. Le caporal conduit les hommes de la première classe, au rendez-vous général, le sergent conduit les autres.

Il aide également à la réunion des hommes de corvée.

26. Aux heures fixées, il présente à l'inspection de l'officier de semaine les hommes de service, de détachemens, etc. ; mais auparavant il doit passer dans les chambres pour s'assurer qu'ils se mettent dans la tenue prescrite, et qu'ils soient prêts à l'heure ordonnée ; il se fait aider

par le caporal de chambrée auquel il indique ce que doivent faire les soldats.

27. Il se trouve à la garde montante ou parade et doit faire part aux officiers de sa compagnie de tous les ordres verbaux qui y sont donnés ainsi que de ceux qui le sont pendant les vingt-quatre heures.

28. Il veille à ce que les caporaux ne négligent pas de faire balayer les corridors et les escaliers et il ne souffre pas qu'on fasse ou qu'on jette des ordures sous les fenêtres ni dans les lieux de passage.

29. Le samedi il dirige les travaux de propreté qui ont pour objet le balayage des escaliers et des corridors, le nettoyage des couvertures, etc.

30. Il ne doit jamais se dispenser d'aucun de ces devoirs sans en avoir obtenu la permission de l'officier de semaine, ce dont il doit informer le

caporal et l'adjudant de semaine ; il est également obligé de prévenir ces deux derniers, lorsque dans le cours de la semaine il est forcé de s'absenter du quartier, mais il ne peut, dans aucun cas, s'en éloigner après l'appel du soir.

Service
de planton ou d'ordonnance.

31. Le sergent de planton et d'ordonnance doit être dans une tenue régulière, ne pas quitter son poste qu'il n'en ait obtenu la permission expresse ; il doit porter promptement les dépêches dont il est chargé, revenir aussitôt rendre compte de sa mission et remettre les reçus.

Il se tient debout dès que la personne auprès de laquelle il est de service ou tout autre officier, paraît devant lui.

32. Le sergent de planton aux hôpitaux militaires doit assurer la

police intérieure dans les salles des malades ; examiner si la viande est de bonne qualité, s'il en est employé le poids prescrit en raison du nombre des malades.

Il doit avoir soin de se faire remettre l'état prescrit à cet effet par l'article 531 du réglement du 20 décembre 1824.

La pesée de la viande pour la distribution du matin doit être faite la veille à sept heures du soir; elle se compose de 250 gram. de viande pour chaque malade ou infirmier présent, moins les malades au régime maigre.

La pesée de la viande pour la distribution du soir, se fait après la visite du matin dans les mêmes proportions sauf les quantités de viande qui doivent être remplacées par des légumes. (*Articles 533 et 534. du réglement du 20 décembre 1824.*)

Il doit rendre compte de ses observatious à l'officier de visite d'hôpital, au chirurgien-major du corps, à l'intendant et au sous-intendant militaire : lorsqu'ils paraissent, il les accompagne pendant leur tournée. Il doit suivre encore dans sa visite tout officier général supérieur ou autre, et être en état de répondre à toutes les questions qui peuvent lui être faites sur la police et le régime de l'hospice. (*Ordonn. du 13 mai 1818.*)

DE LA GARDE DE POLICE AU QUARTIER.

Devoirs du Sergent de garde.

33. Le sergent amène la garde, lorsqu'il la commande, à la gauche de l'ancienne, ou vis-à-vis à défaut d'espace, et la place, dans l'un comme dans l'autre cas, sur deux

rangs lorsqu'elle est au-dessus de six hommes, et sur trois rangs si elle est de plus de dix-huit : il ne fait rompre les rangs qu'après que l'autre est partie et a remis la baïonnette.

34. Il répond de la ponctualité du caporal et des sentinelles à remplir leurs devoirs ; il doit donc les leur faire répéter souvent.

Il est chargé de faire exécuter toutes les batteries, et doit le faire avec l'exactitude la plus scrupuleuse ; il a en conséquence à sa disposition le tambour de service, auquel il ne doit laisser quitter le poste ni le jour ni la nuit.

35. Il visite la salle de discipline le matin et le soir, et reçoit les demandes ou réclamations des détenus. Il fait prévenir les officiers supérieurs ou autres et même les sous-officiers auxquels les prisonniers désireraient faire personnelle-

ment leurs réclamations : ce qui en peut être accueilli lorsque le réclamant est pris de vin.

36. Une demi-heure après le réveil, et au signal donné à cet effet, il rassemble les détenus et les hommes de corvée que doivent lui amener les caporaux de semaine, pour faire balayer les cours et passages connus du quartier, nettoyer les latrines et tirer de l'eau.

37. Il observe généralement, et plus rigoureusement les dimanches et fêtes, et les jours de passage de troupes, la tenue des caporaux et des soldats qui sortent du quartier ; elle doit être celle ordonnée ou celle d'uniforme complet ; il ne laisse pas sortir ceux dont la tenue serait défectueuse. Les sous-officiers, caporaux, grenadiers, voltigeurs et tambours, cornets et trompettes ne peuvent sortir en tenue sans sabre.

38. Il doit examiner soigneusement tous les étrangers qui se présentent pour entrer au quartier ;
ce qu'il ne permet point aux femmes qui lui paraissent suspectes,
ni aux gens sans aveu. Il a l'attention de faire conduire partout où il
le désire, par le caporal ou par un
sergent intelligent, les officiers et
sous-officiers des autres corps, et
les personnes de marque ; il en
agit de même à l'égard des parens
des militaires du corps.

39. A la retraite, il fait mettre
les bonnets de police à sa garde, et
fait fermer les portes du quartier,
ne laissant ouvert que le guichet.

40. Après la retraite il visite toutes
les portes du quartier que le caporal a dû faire fermer. Après l'appel,
il passe dans les cantines du quartier, et, après en avoir fait sortir
tous ceux qu'il y trouve, et dont
il fait mention au rapport, il les

fait fermer; il fait faire des patrouilles dans celles des environs si
des soldats ne sont pas rentrés.

41. Une heure après l'appel, il
fait battre pour éteindre les lumières, et s'assure ensuite que cet
ordre s'exécute partout. Il indique
dans son rapport la chambre dans
laquelle il aurait été obligé de
monter pour l'exiger.

42. Il fait des rondes autour du
quartier pour vérifier si tout est
tranquille, et s'il n'y a point de
lumières dans les chambres. Il peut
se faire suppléer quelquefois par le
caporal; mais, attendu que celui-
ci a ses courses de pose, il ne doit
le faire que rarement, cette responsabilité importante ne pouvant
guère d'ailleurs être partagée.

43. Il remet au chirurgien-major,
lorsqu'il vient le matin faire sa
visite au quartier, les billets que,
dans les cas ordinaires, les sergens-

majors ont fait déposer au corps-de-garde.

Si pendant la nuit il est averti que quelqu'un a besoin de prompts secours du chirurgien-major, il l'envoie aussitôt appeler par le caporal ou par un homme sûr.

Après l'appel du soir, les caporaux et les soldats ne peuvent plus rentrer sans se présenter au sergent qui inscrit l'heure de leur retour sur le registre dont il sera parlé ci-après, et retire les permissions, excepté celles qui sont permanentes. Il en est de même pour les sous-officiers et fourriers une heure après cet appel.

44. A six heures du matin en été, à sept heures en hiver, il fait mettre sa garde en bonne tenue et en passe l'inspection ; ce qu'il est libre de faire aussi souvent que le bien du service le lui fait juger nécessaire.

45. Il y a au corps-de-garde de

police un registre fourni par le corps, sur lequel la présente consigne est inscrite et qui sert à l'enregistrement de toutes celles qui peuvent être données pour un terme au-delà d'une semaine, des entrées et sorties de la salle de discipline, de rentrer au quartier après l'appel ou après les heures portées sur les permissions, des diverses rondes et patrouilles, s'il en est fait, et enfin de toutes les notes dont l'objet doit être mentionné au rapport. Ce registre est signé par le sergent et arrêté chaque jour par l'adjudant de semaine, vers huit heures du matin, instant où le sergent va le lui présenter et lui rendre compte. Il est arrêté définitivement, tous les dimanches, par l'officier supérieur de semaine.

Quelques feuilles de ce registre sont consacrées à inscrire la demeure de tous les officiers du corps, ainsi que celle du chirurgien-major

et de ses aides. L'adjudant de semaine a soin d'y faire mentionner
les changemens à mesure qu'ils
surviennent.

46. La sentinelle crie aux armes
dès qu'elle aperçoit la nouvelle
garde, après que les consignes sont
rendues, le corps-de-garde et la
salle de discipline visités, le sergent,
s'il commande la garde, fait partir
sa troupe par le flanc; il l'arrête à
quinze pas, lui fait remettre la
baïonnette et la fait rentrer.

47. Quel que soit le grade du
commandant de la garde de police,
il est responsable de l'entière exécution de la présente consigne.
(*Ordonnance du 13 mai 1818.*)

Des Permissions
dans l'intérieur du Corps.

48. (Voyez le chapitre 4 du titre
premier page 31.

CHAPITRE III.

Punitions des Sous-Officiers.

49. Pour les fautes de tenue, soit personnelles, soit relatives à leurs troupes, les sous-officiers sont punis de la consigne au quartier ou dans leur chambre pendant un mois au plus.

Pour les fautes contre la discipline et la police intérieure, ils sont punis selon qu'elles sont plus ou moins graves, de la salle de police pendant un mois, ou de la prison pendant quinze jours avec une réduction au pain et à l'eau, si le cas l'exige, pendant tout le temps de la punition ou seulement une partie, en observant néanmoins que sur quatre jours il y en ait deux de subsistances ordinaires.

Pour les fautes plus graves, entre autres celles relatives à leurs devoirs de commandant de la garde de police, ils sont punis du cachot pendant quatre jours dont deux au pain et à l'eau.

Enfin, lorsque la gravité de la faute l'exige, les sous-officiers peuvent être suspendus de leurs fonctions pendant un temps déterminé, et obligés au service du grade inférieur au leur durant cette suspension; ils peuvent aussi être condamnés de descendre d'un ou de plusieurs grades ou même être cassés provisoirement et assujettis au service de soldat. Dans tous les cas, les adjudans ne rétrogradent pas au-delà du grade et des fonctions de sergent.

5o. La consigne à la chambre, la consigne au quartier et la salle de police, peuvent être ordonnées aux sous-officiers par tous ceux revêtus d'un grade supérieur au leur. Le capitaine de la compagnie peut de plus, ainsi que les officiers supérieurs, ajouter à la punition de la salle de police la privation de l'ordinaire pendant le temps permis par l'article précédent.

La prison ne peut être ordonnée que par les officiers supérieurs, les capitaines et les adjudans-majors, pour tous les sous-officiers du corps, et par les lieutenans et les sous-lieutenans pour les sous-officiers de leur compagnie lorsqu'ils la commandent.

Le cachot ne peut l'être que par le commandant du corps.

Les punitions à infliger aux sous-officiers de l'état-major sont prononcées, pour ce qui regarde leur service respectif, par les officiers qui en ont la direction. Pour le reste, elles le sont par tout supérieur en grade conformément aux principes de la subordination.

51. Les sous-officiers consignés ne sont dispensés d'aucun service tant intérieur qu'extérieur.

Lorsqu'ils doivent y vaquer, ils en préviennent l'adjudant de semaine, et reprennent leur punition aussitôt après.

52. Tout service intérieur et extérieur est interdit aux sous-officiers de la salle de police ; mais ils sont exercés dans les rangs des classes d'instruction que l'adjudant-major de semaine leur assigne. Ils sont en bonnet de police et avec les marques distinctives de leur grade. Ils se font apporter leurs vivres de leur ordinaire.

En prison ou au cachot, ils sont en bonnet de police et en capote, et ils ne sont appelés à aucune espèce de service.

Les sous-officiers suspendus de leurs fonctions pour un temps limité conservent les marques distinctives de leur grade.

Voyez ensuite le chapitre 5 du titre premier, page 33.

CHAPITRE IV.

ASSIETTE
DU LOGEMENT-CASERNEMENT.

Logement des Compagnies.

53. Soit que le corps ou chacun de ses bataillons, occupe des casernes ou des bâtimens séparés, soit qu'il loge chez l'habitant, le logement doit toujours être assis selon l'ordre de bataille des bataillons entr'eux, dans les bataillons selon le rang des compagnies et dans celles-ci selon le rang des sections, subdivisions et escouades.

En cas de changement dans l'ordre de bataille, celui qui en résulte dans l'assiette du logement ne peut se faire qu'à l'époque du premier avril de chaque année; à moins que le corps ou un de ses bataillons ne vienne à changer de garnison ou de quartier. Ce changement dans le logement n'a cependant lieu qu'autant que le colonel le juge nécessaire et qu'il l'ordonne.

Les caporaux logent avec les hommes de leur escouade.

Le plus ancien cornet ou tambour loge dans la première escouade et le moins ancien, dans la cinquième.

Le sergent-major et le fourrier logent ensemble dans une chambre particulière située, autant que possible, au centre de la compagnie. Ces deux sous-officiers peuvent, si les localités le permettent, avoir chacun une chambre.

Les sergens de chaque compagnie logent ensemble dans une chambre séparée, autant que possible.

Dans les casernes, les escaliers et corridors sont marqués des lettres ou des numéros des bataillons, et des compagnies; les chambres sont numérotées selon leur rang dans les corridors. Le fourrier place sur la porte de chaque chambre, les noms de ceux qui l'occupent.

Logement des Sous-Officiers et Hommes d'Etat-Major.

54. Les adjudans ont chacun une chambre et à portée de leur bataillon quand cela est possible, sinon ils logent ensemble.

Le tambour-major et le chef de musique ont aussi chacun une chambre si cela se peut ; dans le cas contraire, ils logent ensemble.

Les caporaux-tambours logent séparément et à portée de leur bataillon quand les localités le permettent ; autrement ils logent par deux ou tous ensemble, et, autant que possible, à portée du tambour-major.

Les musiciens logent ensemble dans une ou plusieurs chambres, selon leur nombre et les localités, et à portée du maître de musique.

Le vaguemestre loge seul, et toujours au quartier où se trouve l'état-major.

Les maîtres-ouvriers doivent être logés dans leurs ateliers; si le local ne le permet pas ils en sont logés le plus près possible.

TROUPES EN MARCHE.

Sous-Officiers de Section.

55. Tous les jours, deux heures après que la compagnie est entrée dans ses logemens, les officiers et sous-officiers visitent autant que possible chacun une partie des logemens de leur section, et particulièrement celui du caporal où se fait l'ordinaire, afin de recevoir les réclamations des soldats, de les porter eux-mêmes au maire de la

ville si elles sont fondées, et de faire droit aux justes plaintes que les hôtes auraient à porter.

56. Les officiers et sous-officiers s'assurent que chaque jour les soldats s'occupent de la propreté de leurs armes, de la propreté et de l'entretien de leurs effets; qu'en conséquence ils recousent les agraffes et les boutons, sous-pieds de guêtres qui tiennent peu, qu'au besoin ils remplacent les autres, fassent recoudre les souliers, etc.

57. Dès l'arrivée au logement où l'on doit séjourner, les sous-officiers veillent à ce que la buffleterie soit blanchie, les armes nettoyées, les souliers mieux graissés, les habits battus et raccommodés avec soin et la chaussure complètement réparée.

L'Inspection du séjour se passe le soir, habituellement en tenue de route.

58. Les sous-officiers, caporaux et soldats punis de la salle de discipline, de la prison ou du cachot, marchent avec l'arrière-garde. En traversant les villes et autres lieux de passage, ils portent la crosse en l'air. Les caporaux et soldats punis de la prison ou du cachot, marchent l'habit retourné. Les hommes prévenus de délit du ressort des tribunaux, peuvent être attachés si on le juge nécessaire.

59. Pour des fautes légères, les sous-officiers, caporaux et soldats peuvent être punis de la consigne à la garde de police pendant une journée de marche, et être retenus au corps-de-garde de police jusqu'à la retraite. Ils y sont conduits, les soldats par le caporal, les caporaux par le sergent de semaine.

(*Ordonnance du 13 mai 1818.*)

DEUXIÈME PARTIE.

DES DROITS DES SOUS-OFFICIERS.

CHAPITRE V.

De la Solde.

Voyez le Tableau de la Solde des Sous-Officiers titre premier, 2ᵉ partie, page 120.

Des Congés et Permissions.

60. Voyez les articles 327 et suivans du titre premier, page 121.

Solde d'hôpital.

61. Voyez les articles 338 et 339 du titre premier, page 126.

Solde en détention ou en jugement.

62. Voyez les articles 340 et 341 du titre premier, page 127.

Solde de captivité.

63. Voyez les articles 342 et 343 du titre premier, page 128.

Positions entraînant privation de Solde.

64. Voyez l'art. 344 du titre premier, page 129.

Des Hautes-Paies.

65. Voyez le chapitre 9 du titre premier, page 129.

Supplément de Solde en Recrutement.

66. Voyez le chapitre 10 du titre premier, page 138.

De la Masse de Linge et Chaussure.

67. Voyez le chapitre 11 du titre premier, page 141.

CHAPITRE VI.

De l'Habillement.

68. Le sergent d'infanterie française, de la garde royale et de la ligne, reçoit au compte de l'état ;

Dans la Ligne.	Un habit dont la durée est fixée à 2 ans.
	Une redingote dont la durée est fixée à 2 ans.
	Un pantalon de drap chaque année.
	Un schakos.
	Un bonnet de police d'une durée de 2 ans.
	Un pantalon de toile chaque année.
Dans la Garde.	Une capote dont la durée est fixée à 3 ans.
	Un habit de grande tenue d'une durée de 2 ans.

Dans la Garde.

Un habit de petite tenue d'une durée de 2 ans.

Un pantalon de grande tenue 2 ans.

Un pantalon de petite tenue 2 ans.

Un bonnet de police d'une durée de 2 ans.

Un bonnet à poil d'une durée de 6 ans.

Un pantalon blanc chaque année.

Voir ensuite les articles 377 et 378 du titre premier, page 146 et 147.

69. Les sous-officiers qui changent de corps, ou qui quittent le service, doivent emporter avec eux, indépendamment de tous leurs effets de petit équipement et de petite monture, les effets d'habillement qui sont détaillés pour chaque position dans le tableau d'autre part. (*Circulaire du 31 juillet 1827.*)

DÉSIGNATION des CATÉGORIES.	Capotes.	Habits.	Pantal. de drap.	Pantal. de toile.	Bonnets de police	Schakos.	Observations.
1. De la garde, promus officiers dans la garde.	»	1	1	»	1	»	
2. De la garde, promus Officiers dans la ligne.	»	1	1	»	»	»	
3. De la ligne, promus officiers dans la ligne.	»	1	1	1	1	»	
4. De la garde, passant dans les gardes du corps.	»	1	1	»	1	»	
5. De la ligne, passant dans les gardes du corps.	»	1	1	1	1	1	
6. De quelque arme que ce soit, admis à la retraite.	»	»	»	»	»	»	Ils emportent la totalité de leur habillement tel qu'il se trouve.
7. Libérés, congédiés définitivement et réformés pour blessures ou infirmités contractées sous les drapeaux. A.	»	1	1	1	1	1	

DÉSIGNATION des CATÉGORIES.	Capotes.	Habits.	Pantal.		Bonnets de police.	Schakos.	Observations.
			de drap.	de toile.			
8. Réformés pour infirmités non contractées au service. B.......	»	1	1	1	1	»	
9. Passant d'un corps de la garde, dans un autre de cette même garde. B...................	»	1	1	»	1	»	
10. Passant d'un corps de la garde, dans la ligne ou dans la gendarmerie. B...................	»	1	1	»	1	»	
11. Passant dans un corps de troupe à cheval. B...................	»	1	1	1	1	»	
12. Passant dans une compagnie de sous-officiers ou de fusiliers sédentaires...................	1	1	1	1	1	1	
15. Passant dans une compagnie de discipline. B...............	»	1	1	1	1	»	

DÉSIGNATION des CATÉGORIES.	Capotes.	Habits.	Pantal. de drap.	Pantal. de toile.	Bonnets de police.	Schakos.	Observations.
14. Remplacés. A..................	»	1	1	1	1	1	
15. Envoyés en congé d'un an renouvelable	»	1	1	1	»		
16. Détenus mis en jugement.....	»	1	1	1	»		
17. Allant en semestre ou en congé temporaire. (*)..............	1	1	1	1	1	1	

A. Ils doivent emporter leurs propres effets à l'exception de ceux qui sont d'une distribution récente, c'est-à-dire, pourvu qu'ils aient atteint au moins le tiers de leur durée légale. Dans le cas contraire ils sont échangés contre d'autres qui n'ont plus qu'une année à parcourir

B. En été le pantalon de drap doit leur être retiré.

A défaut d'habit, l'homme peut emporter une capote.

Dans toutes les positions où l'homme emporte son habit, il emporte également ses épaulettes et ses galons de grade. Lorsqu'il emporte le schakos; il emporte également, soit le pompon, soit l'égrette, soit l'olive.

(*) Les semestriers emportent en outre, leur sabre et leur ceinturon.

CHAPITRE VII.

Indemnité de route aux militaires marchant isolément.

70. L'indemnité de route du sergent est fixée à *un franc vingt-cinq centimes* par étape au moyen de laquelle il doit pourvoir en route à sa subsistance sans pouvoir exiger de son hôte aucune distribution alimentaire.

Voyez ensuite le chapitre 13 du titre premier, page 152.

De l'Indemnité de séjour.

71. Voyez les numéros 384 et 385 du titre premier, page 153.

Des Convois militaires.

72. Voyez le chapitre 15 du titre premier, page 154.

Des Retraites.

73. Voyez le chapitre 16 du titre premier, page 158.

CHAPITRE VIII.

Des Réparations d'Armes.

Les réparations des armes dégradées par le fait de la négligence des hommes sont à leur charge et payées par leur masse de linge et chaussure conformément au tarif ci-après.

Celles qui par leur nature sont nécessitées par le service ordinaire des armes, ne peuvent dans aucun cas, être imputées aux sous-officiers et soldats ; et elles doivent toujours être exécutées par le maître armurier sur le prix de l'abonnement qui lui est alloué par le réglement.

On remarquera que les prix de fourniture et d'ajustage sont portés séparément pour chaque pièce. Ainsi, toutes les fois que le maître armurier remplace une pièce, il lui est alloué le prix marqué au tarif pour fournir cette pièce neuve, plus le prix de son ajustage et de la trempe

ARMES A FEU.

Canon de Fusil.	Prix.
En fournir un neuf pour fusil d'infanterie, modèles de 1777 et 1816.. .	10ᶠ 20ᶜ
Idem id. pour fusil modèle de 1822.	10, 15.
Idem idem pour fusil de de dragon et de voltigeur.	10, 00.
En ajuster un sur le bois.	0, 20.
Relever un enfoncement. .	0, 20.
Le redresser.	0, 15.
Mettre un tenon.	0, 20.
Réparer les pas mutilés. .	0, 10.

Culasse.	
En fournir une neuve. . .	0, 50.
L'ajuster.	0, 20.
En réparer une mutilée. .	0, 05.
En ôter une cassée dans son trou.	0, 10.

Baïonnette.

	Prix.
En fournir une neuve pour fusil, modèles 1777 et 1816.	2, 90ᶜ
Pour fusil modèle de 1822.	3, 25.
En ajuster une sur le canon.	0, 10.
Relimer la douille et l'adoucir.	0, 05.
Refourbir la lame.	0, 20.
Refaire la pointe à la meule.	0, 20.
Idem . . . . . à la lime.	0, 05.
Remettre le pivot qui borne le mouvement de la bague.	0, 05.
Fournir une bague neuve.	0, 25.
Ajuster une bague.	0, 10.
Fournir et mettre en place une vis de bague.	0, 05.

Baguette.

	Prix.
En fournir une neuve. . .	1, 20.

Tirre-Bourre.

	Prix.
En fournir un neuf. . . .	0f 20c

Platine.

	Prix.
En fournir une neuve. . . .	7, 25.
L'ajuster sur le bois. . . .	0, 25.
Fournir un corps de platine limé et taraudé	1, 05.
Ajuster toutes les pièces sur le corps de platine. . . .	1, 00.
Fournir un bassinet neuf. .	0, 65.
Ajuster le bassinet. . . .	0, 10.
Fournir un chien complet.	1, 65.
L'ajuster.	0, 10.
Fournir une vis de chien neuve.	0, 25.
L'ajuster.	0, 05.
En retirer une cassée dans son trou.	0, 10
Fournir une machoire supérieure, neuve. . . .	0, 10.
L'ajuster.	0, 05.
Fournir une batterie neuve	0, 85.

Suite de la Platine.	Prix.
Ajuster une batterie neuve	0, 05.
Fournir une noix neuve. .	0, 85.
L'ajuster.	0, 15.
Fournir une bride neuve.	0, 30.
L'ajuster	0, 15
Fournir une gachette neuve	0, 30.
L'ajuster.	0, 05.
Fournir un grand ressort neuf.	0, 30.
L'ajuster.	0, 30.
Le retremper.	0, 05.
Fournir un ressort de batterie.	0, 25.
L'ajuster.	0, 15.
Le retremper.	0, 05.
Fournir un ressort de gachette.	0, 10.
L'ajuster.	0, 05.
Le retremper.	0, 05.
Fournir une grande vis de batterie, de gachette ou de noix.	0, 10.

Suite de la Platine.

	Prix.
Ajuster une grande vis de batterie, de gachette ou de noix.	0ᶠ 05ᵉ
En retirer une cassée dans son trou.	0, 10.
Fournir une petite vis neuve.	0, 05.
L'ajuster.	0, 05.
En retirer une cassée dans son trou.	0, 10.

Garnitures de Fusil.

	Prix.
Fournir un embouchoir neuf en fer.	0, 65.
Idem. . . . . . en cuivre.	0, 75.
L'ajuster.	0, 05.
Le remandriner.	0, 05.
Fournir brosser et polir un guidon.	0, 15.
Fournir une grenadière complète.	0, 50
L'ajuster.	0, 05.

Suite *des Garnitures de Fusil.*	Prix.
Remandriner une grenadière complète.	0, 05.
Fournir un battant et son rivet.	0, 15
L'ajuster.	0, 05.
Fournir une capucine en fer	0, 20
Idem . . . . . . en cuivre.	0, 25.
L'ajuster.	0, 05.
Remandriner la capucine.	0, 05.
Fournir un sous - garde complet pour fusil modèle 1777.	1, 45.
Fournir une sous - garde pour fusil, modèles de 1816 et 1822.	1, 75.
Ajuster une sous-garde. .	0, 20.
Fournir une pièce de détente à un fusil modèle 1777.	0, 55.
Idem modèles de 1816 et 1822.	0, 90
L'ajuster.	0, 10.

Suite
des Garnitures de Fusil.

	Prix.
Fournir une pièce de détente neuve.	0, 15.
L'ajuster.	0, 10.
Mettre un support de goupille.	0, 40.
Fournir un pontet de sous-garde en fer.	0, 55.
Idem en cuivre.	0, 60.
L'ajuster.	0, 10.
Brasser un crochet à un pontet.	0, 20
Fournir une vis.	0, 05.
L'ajuster.	0, 05.
Fournir un battant de sous-garde.	0, 25.
L'ajuster.	0, 05.
Fournir un pivot et le rivet	0, 10.
L'ajuster.	0, 05.
Fournir un anneau et le rivet.	0, 15.
L'ajuster.	0, 05.

Suite
des Garnitures de Fusil.

	Prix.
Remandriner un anneau de baltant.	0, 05.
Fournir une goupille. . . .	0, 05.
Fournir un porte-vis en fer	0, 10.
Idem. . . . . . en cuivre.	0, 15.
L'ajuster.	0, 05.
Fournir une plaque de couche en fer.	0, 60.
Idem. . . . . . en cuivre.	0, 95.
L'ajuster.	0, 10
Fournir une grande vis de platine ou vis de culasse.	0, 10.
La mettre en place.	0, 05.
Fournir une vis de plaque ou de sous-garde. . . .	0, 05.
La mettre en place.	0, 05.
Fournir un ressort de ca-pucine, de grenadière ou d'embouchoir.	0, 05.
L'ajuster.	0, 05
Fournir un ressort de ba-guette.	0, 15.

Suite
des Garnitures de Fusil.

	Prix.
Ajuster un ressort de ba-guette.	0ᶠ 05ᶜ
Fournir une goupille. . . .	0, 05.

Bois de Fusil.

Fournir un bois de fusil ébauché.	2, 15.
Monter et ajuster toutes les pièces dessus.	2, 70.

Entures.

En fournir une grande pour fusil.	0, 35.
La mettre en place. . . .	0, 75.
En fournir une petite. . . .	0, 25.
La mettre en place.	0, 45.

Chevilles.

En mettre une dans le trou d'une goupille et rajus-ter la pièce qui s'y rap-porte.	0, 15.

	Prix.
Soudures.	
Toute soudure.	0f 15c
Brasures.	
Toute brasure.	0, 20.
Trempe.	
Tremper et nettoyer après la trempe	
Un corps de platine. . . .	0, 10.
Une batterie	0, 10.
Un corps de chien. . . .	0, 10
Une noix de gachette. . .	0, 10.
Une bride.	0, 05.
Une machoire.	0, 05.
Une détente.	0, 05.
Toute vis de platine et de garniture.	0, 05.
Un ressort de platine. . .	0, 05.
Un ressort de baguette. .	0, 05.
Un ressort de garniture. .	0, 05.
Tremper et polir la platine complète.	1, 15.

Nettoyage.

	Prix.
Grand nettoyage de fusil avec baïonnette, ...	0f 50c
Moyen nettoyage *idem.* . .	0, 35.
Léger *idem.* . . . . *idem.* . .	0, 25.
Grand nettoyage de platine, *quand les pièces extérieures sont à relimer,*	0, 40,
Grand nettoyage quand les pièces n'ont pas besoin d'être relimées.	0, 20,
Léger nettoyage.	0, 15.
Grand dérouillage de canon de fusil.	0, 15.
Léger *idem* . . . . *idem.*	0, 10.
Grand dérouillage de baïonnette.	0, 10,
Léger *idem.* . . . . *idem.*	0, 50.

ARMES BLANCHES.

Sabre.	Prix.
Fournir une lame neuve.	2ᶠ 75ᶜ
La monter.	0, 15.
La refourbir à la meule. .	0, 15.
Idem . . . . . à l'émeri ou à la meule de bois. . .	0, 20.
Refaire la pointe.	0, 10.
Rallonger la soie.	0, 10.
Fournir un bout de fourreau.	0, 65,
Le coller et l'épingler. . .	0, 10.
Le redresser.	0, 05.
Fournir une chape de fourreau.	0, 65.
La coller et l'épingler. . .	0, 10.
La redresser.	0, 05
Fournir un pontet.	0, 05.
Le souder.	0, 15
Fourn. une patte de fourr.	0, 05.
La coudre.	0, 05.
Fourn. une monture neuve	2, 60.

(*Tarif du 24 septembre 1818.*)

DE LA LIBÉRATION
DU SERVICE ACTIF.

Art. 20 de la Loi du 10 mars 1818.

Au 31 décembre de chaque année, en temps de paix, les soldats qui auront achevé leur temps, seront renvoyés dans leurs foyers.

Ils le seront, en temps de guerre, immédiatement après l'arrivée au corps du contingent destiné à les remplacer.

Les enrôlés volontaires doivent l'être le jour de l'expiration du temps fixé par leur engagement.

Règle à suivre dans le décompte des services des sous-officiers et soldats.

Le temps de service court, pour les sous-officiers et soldats incorporés comme appelés, ainsi que pour les jeunes soldats non encore mis en activité, du premier janvier

de l'année où ils auront été immatriculés comme jeunes soldats
faisant partie du contingent.

Le temps de service court, pour
les enrôlés volontaires, du jour que
l'engagement aura été reçu par
l'autorité civile.

Les remplaçans sont admis à
faire entrer dans le décompte de
leurs services, le temps qu'auraient
fait les hommes qu'ils ont remplacés. Mais quel que soit le résultat
du décompte, ils ne peuvent
recevoir leur congé s'ils n'ont servi
pendant deux ans depuis l'acte de
remplacement.

Les sous-officiers et soldats, qui
antérieurement à la loi du 9 juin
1824 se sont engagés pour servir dans
une arme où la durée du service
était de huit ans, suivant la loi du
10 mars 1818, et qui passent dans
l'infanterie, sont tenus d'y compléter
cette durée de 8 ans si le changement

de corps s'est effectué sur leur demande, ou a été la suite d'une promotion à un grade.

Ceux incorporés en vertu des lois antérieures à celles du 9 juin 1824 qui passent de l'infanterie de ligne dans une arme où la durée du service est de huit ans suivant la loi du 10 mars 1818, sont tenus de compléter cette durée de 8 ans si le changement de corps s'est effectué sur leur demande. Dans le cas contraire ils ne doivent que le temps qu'ils auraient fait s'ils étaient restés dans l'infanterie.

Toute absence des drapeaux soit avant, soit après l'incorporation, qui n'aura pas été régulièrement autorisée, est déduite des années exigées.

Il n'est point tenu compte à un militaire condamné comme déserteur, et ensuite gracié ou rentré dans le corps après l'expiration de

sa peine ; du temps qui s'est écoulé
depuis le jour de sa désertion jusqu'à
celui de sa rentrée dans les rangs
de l'armée. La déduction ne devant
porter que sur le temps d'absence,
le supplément de service à exiger
dans ce cas doit être égal seulement
à la durée de l'absence. Dès lors,
les militaires doivent être libérés dès
qu'ils ont accompli le temps de
service actif exigé par la loi, et ne
pas être retenus au corps jusqu'au
31 décembre suivant, sous prétexte
qu'ils ont été incorporés comme
jeunes soldats et non comme engagés volontaires.

Le temps passé en détention pour
des motifs autres que celui de désertion n'est pas déduit du temps de
service pour la libération.

LOI du 15 juillet 1829 relative à l'interprétation de plusieurs dispositions des Lois pénales militaires.

ARTICLE PREMIER. Le Vol des armes et des munitions appartenant à l'Etat, celui de l'argent de l'ordinaire, celui de la solde, celui des deniers uo effets quelconques appartenant à des militaires ou à l'Etat, commis par des militaires qui en sont comptables, sera puni des travaux forcés à temps; en cas de circonstances atténuantes, la peine pourra être réduite, soit à la réclusion, soit à un emprisonnement de trois à cinq ans.

Si le Vol a été commis par des militaires qui n'étaient pas comptables des deniers ou effets, la peine sera celle de réclusion; et, en cas de circonstances atténuantes elle pourra être réduite à un emprisonnement d'un à cinq ans.

ART. 2. Tout militaire qui aura emporté tout ou partie de l'argent de l'ordinaire, ou de la solde, ou bien des deniers, des effets, des armes, ou emmené un cheval ou des chevaux appartenant à un militaire ou à l'Etat, mais qui ne lui était pas confiés pour son service, sera condamné à l'une des peines spécifiées en l'article précédent, suivant les circonstances prévues par ledit art.

Si le militaire mis en jugement a été déclaré en outre coupable de désertion, les peines spécifiées en l'article premier de la présente Loi ne pourront jamais être réduites à celles de l'emprisonnement.

3. Tout militaire qui aura vendu soit le cheval, soit tout ou partie des effets d'armement, d'équipement ou d'habillement qui lui auront été fournis par l'Etat, sera puni de deux à cinq ans de travaux publics.

Sera puni de la même peine tout militaire qui aura acheté lesdits effets.

4. Tout militaire qui aura détourné ou dissipé des effets d'armement, d'équipement ou d'habillement qui lui étaient confiés pour son service, sera puni de six mois à deux ans de prison.

5. Tout militaire qui aura mis en gage, en tout ou en partie les effets d'armement, d'équipement ou d'habillement à lui fournis par l'Etat, sera puni de deux mois à un an de prison. Sera puni de la même peine tout militaire qui aura reçu en gage lesdits effets.

6. Tout militaire qui mettra en gage ou vendra en tout ou en partie ses effets de petit équipement, sera puni de deux mois à un an de prison.

Sera puni de la même peine tout militaire qui sciemment achètera ou recevra en gage lesdits effets.

7. Tout militaire qui, ayant emporté des effets ou des armes, ou emmené un cheval à lui fourni par l'Etat, ne les représentera

pas, sera, en cas où il serait acquitté du fait de désertion, condamné à l'une des peines portées aux articles 3, 4, 5 et 6 de la présente Loi, suivant le délit dont il se sera rendu coupable.

8. Tout sous-officier ou soldat coupable de désertion, et qui aura emporté en désertant son arme, ou ses armes blanches, ou celles qui lui étaient confiées pour son service, sera condamné à une année d'aggravation de la peine qu'il aura encourue pour fait de désertion.

La peine sera élevée au maximum lorsque le sous-officier ou soldat aura emporté en désertant l'arme ou les armes à feu, ou emmené le cheval à lui confiés pour son service.

9. Les articles 12, 13, 14 et 15 de la section 3 du titre premier de la loi du 12 mai 1793, le n° 4 de l'art. 67, le n° 2 de l'art. 69 du titre 9 de l'arrêté du 19 vendémiaire an 12 (12 octobre 1803), et l'avis du Conseil d'Etat en date du 22 ventôse an 12 (13 mars 1804) sont abrogés.

☞ *Cette Loi ayant changé plusieurs articles de la nomenclature des délits et des peines placés en tête des Livrets de Soldats, le S. ANNER se propose d'en imprimer incessamment une nouvelle.*

Chapit.	DÉTAIL.	Pages.
5.	Réclamations relatives à des effets d'habillement ou autres.	43
	Des ordinaires et du logement en route.	45
	Des gardes dans leurs postes dans des places.	47
	De la fermeture des portes dans les places.	68
6.	De l'ordre et du mot dans les places.	70
	Des rondes et patrouilles dans les places.	73
	Du chauffage et de l'éclairage des corps-de-garde.	79
	De la garde de police dans les camps.	81
	De la garde du camp.	89
7.	Du piquet.	93
	De l'ordre à observer pour commander le service.	100
	De l'ordre et du mot au camp.	105

COMPTE OUVERT A LA MASSE DE L'ÉLÈVE

DATES. 18	DÉTAIL DES OBJETS à porter au Crédit et au Débit.	SOMMES	
		Crédit.	Débit.